Christian Rickens

GANZ OBEN

Wie Deutschlands Millionäre wirklich leben

Kiepenheuer & Witsch

MIX
Papier aus verantwor-
tungsvollen Quellen
FSC® C083411

Verlag Kiepenheuer & Witsch, FSC® N001512

1. Auflage 2012

Umschlaggestaltung und -motiv: Rudolf Linn, Köln
Gesetzt aus der Minion und Meta
Satz: Buch-Werkstatt GmbH, Bad Aibling
Druck und Bindearbeiten: CPI – Clausen & Bosse, Leck
ISBN 978-3-462-04420-1

Das Buch

In Deutschland leben 810 000 Menschen mit einem Nettovermögen von mehr als einer Million Euro. Über die Lebenswelt dieser Millionäre ist, jenseits der Klischees, die in Gala oder Bunte kolportiert werden, kaum etwas bekannt. Wie lebt und denkt diese Vermögenselite wirklich? Wie erzieht sie ihre Kinder, wofür gibt sie ihr Geld aus, wie sichert sie ihre gesellschaftliche Stellung und übt ihre politische Macht aus? Unzählige Studien beschäftigen sich mit der sogenannten Unterschicht. Doch es gibt kaum Veröffentlichungen über die Oberschicht. Christian Rickens bewegt sich von Berufs wegen in der Welt der Unternehmer, Firmenerben oder Topmanager; bei unzähligen Gelegenheiten hat er der deutschen Oberschicht aufs Maul geschaut. Er nimmt uns mit auf eine Reise durch Fabrikantenvillen und Vorstandsetagen, zu Segelregatten auf die Ostsee oder zu Poloturnieren am Tegernsee.

Wird die deutsche Oberschicht ihrer gesellschaftlichen Verantwortung gerecht? Rickens gelangt zu einem differenzierten Urteil: Ja, die reichen Deutschen arbeiten mehr als der Bevölkerungsdurchschnitt, sie engagieren sich häufiger ehrenamtlich. Doch zugleich reflektieren sie erschreckend wenig über ihre Privilegien. Viele Angehörige der Elite begegnen den demokratischen Spielregeln mit großem Misstrauen und beanspruchen ganz selbstverständlich eine bessere Erziehung für ihre Kinder oder den direkten Zugang zu politischen Entscheidungsträgern.

Der Autor

Christian Rickens, Jahrgang 1971, arbeitete von 2000 bis 2011 als Redakteur beim *manager magazin*. Heute leitet er das Wirtschaftsressort von *Spiegel Online*. Er hat Journalistik und Volkswirtschaftslehre in München und an der University of Wales studiert, die Deutsche Journalistenschule absolviert und den Master of Science an der London School of Economics erworben. 2005 wurde Rickens mit dem Förderpreis für Wirtschaftspublizistik der Ludwig- Erhard-Stiftung und 2008 mit dem Deutschen Journalistenpreis Bildung und Arbeit ausgezeichnet. Buchveröffentlichungen: »Die neuen Spießer. Von der fatalen Sehnsucht nach einer überholten Gesellschaft« (2006); »Links. Comeback eines Lebensgefühls« (2008).

1267

für Anne-Marie Rickens
1941–2009

Inhalt

I. Reich. Aber sexy?
Warum wir uns für die da oben interessieren sollten

Der erste reiche Mann in meinem Leben hieß Jürgen Hunke. Tag für Tag passierte unser Schulbus die Waldstraße in Gro-ßenheidorn, und da lag, am Morgen zur Rechten, am Mittag zur Linken, seine Villa. Wie ein Ufo schien sie gelandet zu sein zwischen all den Siedlungshäusern, Eternitfassaden und Jägerzäunen ringsum. Strahlend weiß getünchte Ziegelmau-ern umrahmten riesige, grün getönte Fensterfronten. Statt Regenrinnen waren an den Ecken des gewaltigen, einem asiatischen Tempel nachempfundenen Satteldachs schwarze Ketten gespannt, an denen entlang das Wasser in ein Bett aus Quarzkieseln rann. Zwei gusseiserne Doggen bewachten den Eingang, und lediglich verschlungene Initialen kündeten ne-ben dem Portal vom Namen des Bewohners: JH.

»Da wohnt der Hunke«, erfuhr ich ziemlich schnell von meinem Mitschüler Mario. Jeden Morgen drehten die meis-ten Jungs im Schulbus den Kopf nach rechts und mittags nach links, um zu sehen, ob »der Hunke« zu Hause war. War er zu Hause, dann stand nämlich meist sein Ferrari in der Auffahrt der Vierfachgarage. Dieser Ferrari war für uns et-was Unerhörtes. Etwas, das die meisten ausschließlich aus dem Autoquartett kannten und einige wenige, die schon so lange aufbleiben durften, aus der Fernsehserie »Magnum«. Darin kurvte Tom Selleck mit solch einem Ferrari über die Insel Hawaii.

Jürgen Hunke galt bei uns im Ort als große Nummer. Als einer, der gerne auf Schultern klopfte und beste Beziehun-gen nach »ganz oben« hatte, was für uns damals hieß: zur Landesregierung unter Ministerpräsident Ernst Albrecht im 30 Kilometer entfernten Hannover. Hunke war Fraktionsvorsitzender der CDU im Stadtrat, galt als Wortführer im örtlichen Tennis- und Fußballklub.

Seine Villa und seinen Ferrari hatte sich Hunke als Chef eines Finanzvertriebs verdient. Hunke führte damals eine Vertretertruppe, die sich darauf spezialisiert hatte, Versicherungen an Jugendliche zu verkaufen. In den 80ern war seine *Zeus Vermittlungsgesellschaft* mit 800 Mitarbeitern einer der größten Assekuranzmakler in Deutschland. Allein von der Hamburger Dependance der Versicherungsgesellschaft Deutscher Ring kassierte Hunke 1982 Provisionen in Höhe von 70 Millionen Mark und sorgte dort zeitweilig für ein Drittel des gesamten Neugeschäfts.

All diese Details kannte ich aus einem längeren Artikel im *Spiegel,* der 1983 erschienen war und noch Jahre später bei uns im Örtchen von jenen herumgereicht wurde, die Hunke nicht wohlgesinnt waren. Und davon gab es einige. Laut *Spiegel* gingen die Zeus-Vertreter nicht eben zimperlich vor, wenn es darum ging, frischgebackenen Auszubildenden bei einem Beratungsgespräch im Beisein ihrer Eltern das Zeus-Kernprodukt anzudrehen, eine Kombination aus Unfall- und Kapitallebensversicherung, zusammengefasst unter dem offiziösen Titel »Jugendschutzbrief«.[1]

Villa und Ferrari und eine Position als unangefochtener Kleinstadt-Zampano schienen Hunke auf Dauer nicht zu genügen. 1986 und 1990 versuchte er sich als Landtagskandidat der CDU in unserem Wahlkreis aufstellen zu lassen, zweimal unterlag er gegen den amtierenden Abgeordneten. Im Landtagswahlkampf 1990 schaltete ein enger politischer Vertrauter von Hunke dann plötzlich Anzeigen in der Lokalzeitung: »Dreimal nein zu Willi Lindhorst«. Willi Lindhorst, so hieß der CDU-Abgeordnete, gegen den Hunke zuvor bei der Kandidatenaufstellung verloren hatte. Lindhorst verteidigte sein Mandat übrigens erfolgreich mit dem Slogan »Wunstorf, Seelze, Gehrden – Willy muss es werden«. Auf dem dazugehörigen Plakat hielt Lindhorst optimistisch den Daumen in die Höhe und zeigte insgesamt eine deutliche Ähnlichkeit mit Rex Gildo.

Nun ja, es war nicht gerade Adenauer, gegen den Hunke da verloren hatte.

Ich bin Jürgen Hunke damals nie persönlich begegnet. Es gab nur die Villa, den Ferrari und das Gerede. Dennoch – oder gerade deswegen – hat Hunke mein frühes Bild von reichen Menschen geprägt. Er war ja der Einzige seiner Art in unserer Gegend. Dieses Bild fiel nicht gerade positiv aus: Chef einer skrupellosen Drückertruppe kauft sich Protzvilla und Angeberauto. So könnte man meine damalige Ferndiagnose zusammenfassen. Bezeichnend, so dachte ich, dass selbst die CDU, der ich damals alles Schlechte zutraute, Hunke eine seinem Geltungsdrang angemessene Position verweigerte.

Wer reich ist, der hat sein Geld im Zweifel jemand anderem weggenommen. Wer reich ist, protzt herum und verschanzt sich zugleich hinter hohen Mauern und getönten Scheiben. Wer reich ist, versucht sich politischen Einfluss zu erkaufen: drei scheinbare Wahrheiten, die sich damals zwanglos in mein linkes Weltbild einfügten.

Nachdem die Anzeigenaktion in der Wunstorfer CDU für verbrannte Erde gesorgt hatte, trat Hunke aus der Partei aus. Wenig später zog er vollständig an seinen bisherigen Zweitwohnsitz Hamburg, und ich war gehörig überrascht, als ich eines Morgens im Sportteil der *Süddeutschen* las, wer neuer Präsident des Hamburger Sportvereins geworden war: Jürgen Hunke. Der Mann mit dem Ferrari.

1993 schied Hunke im Streit aus dem Präsidentenjob beim HSV. Ein paar Jahre später versuchte er sich als Spitzenkandidat und Landesvorsitzender der Statt Partei, einer konservativen Splittergruppe, die allerdings unter Hunke den Einzug in die Hamburger Bürgerschaft verfehlte. Hunkes Engagement bei der Statt Partei endete mit einem Parteiausschluss durch den Bundesvorstand, auf den Hunke in gewohnt kämpferischem Stil reagierte: »Der Vorstand existiert für uns gar nicht. Ich bin weiter Landesvorsitzender.«[2]

Danach tauchte Hunke als Chef der Hamburger Trabrennbahn auf, worauf bald ein Boykott der Bahn durch Fahrer, Trainer und Züchter folgte.[3] 2008 berichtet *Bild* von einem angeblichen erneuten Versuch Hunkes, zusammen mit der Fan-Vereinigung »Supporters« die Macht beim HSV zu erobern.[4] Doch bei den darauffolgenden Wahlen verlor Hunke auch noch seinen Sitz im Aufsichtsrat des Vereins, den er sich im Januar 2011 zurückeroberte.[5]

Mein oberflächlicher Eindruck: Hunke als »konfliktfreudig« zu beschreiben ist etwa so, als würde man Rainer Calmund »vollschlank« nennen.

Schon bald war Jürgen Hunke nicht mehr der einzige reiche Mann in meinem Leben. Im Gegenteil: Plötzlich wimmelte es von ihnen. Nach dem Studium begann ich als Wirtschaftsjournalist zu arbeiten, ab 2000 dann als Redakteur bei der Zeitschrift *manager magazin* in Hamburg. So eng wie vermutlich kein anderes deutsches Medium pflegt das *manager magazin* Umgang mit jenen Menschen, die im öffentlichen Diskurs neutral als »Oberschicht« tituliert werden, wohlwollend als »Wirtschaftselite« oder abfällig als »Bonzen«.

Jedes Jahr im Frühsommer lädt das *manager magazin* zum Beispiel zur »Hall of Fame der Deutschen Wirtschaft«, einem festlichen Diner mit vielen Reden im Schlosshotel Kronberg in der Nähe von Frankfurt. Alle waren sie schon dort: die Vorstands- und Aufsichtsratsvorsitzenden von DAX-Konzernen wie Allianz oder Lufthansa. Unternehmensberater wie Roland Berger. Großverleger wie Hubert Burda, dessen Schauspielergattin Maria Furtwängler für ein bisschen optische Abwechslung sorgte zwischen all den grauhaarigen Männern in dunklen Anzügen. Selfmade-Millionäre wie Carsten Maschmeyer, der ebenfalls mit einem Versicherungsvertrieb reich wurde und *Bunte*-Lesern bekannt sein dürfte als der Mann an der Seite von Veronica Ferres. Ferner in Kronberg dabei: der eine oder andere Expolitiker, der sich heute für Konzerne verdingt (Gerhard Schröder), und vereinzelte unternehmerisch tätige Vertreter des Hochadels (Graf von Faber-Castell, der mit den Bleistiften).

Irgendwo dazwischen: ein Dutzend Redakteure des *manager magazin,* die sich mühen, das Tischgespräch in Gang zu halten und en passant die eine oder andere Neuigkeit aus den Chefetagen der deutschen Konzerne aufzuschnappen. Bei einer dieser Feiern habe ich mal Gerhard Cromme, den Aufsichtsratschef von ThyssenKrupp, am Urinal abgepasst, um mir mit offener Hose den bevorstehenden Abgang eines Managers bestätigen zu lassen. Bis heute weiß ich nicht, ob ich diesen Moment als Höhe- oder als Tiefpunkt meiner beruflichen Laufbahn werten soll.

Im Sommer 2008 wurde meine Tuchfühlung mit der deutschen Oberschicht noch ein bisschen intensiver. Für das *manager magazin* recherchierte ich eine Reportage über die Lebenswirklichkeit deutscher Millionäre.[6] Eine Art gedruckten *Schulmädchen-Report,* nur dass es um Geld ging statt um Sex. Einige Wochen lang fuhr ich durch Deutschland und die Schweiz, traf mich mit reichen Erben und erfolgreichen Unternehmern, mit Sozialforschern und Vermögensberatern, besuchte Poloturniere und Segelregatten. Alles, um herauszufinden: Wie ticken Deutschlands Millionäre wirklich?

Das Thema faszinierte mich. Nicht, weil ich besonders gerne Polo spiele oder Porsche fahre. Eher im Gegenteil. Sondern weil ich rasch merkte, wie wenig wir eigentlich wissen über jene Menschen, die ganz am Rand unserer Gesellschaft stehen – am oberen Rand. Die Lebenswirklichkeit der rund 800 000 Millionäre in Deutschland ist nicht annähernd so gut erforscht wie die jenes Drittels der Deutschen, das keinerlei Vermögen besitzt. Der jüngste Armuts- und Reichtumsbericht der Bundesregierung beschäftigt sich auf über 400 Seiten mit den Armen – und nur auf 8 Seiten mit den Reichen. Dabei muss man kein Marxist sein, um zu vermuten: Der Einfluss, den rund 800 000 Millionäre in Deutschland auf Staat und Gesellschaft ausüben, dürfte um einiges größer sein als jener der rund sechs Millionen Hartz-IV-Empfänger.

Die Lebenswelt der Reichen zu beschreiben, ihr Selbstverständnis, ihre politischen Einstellungen, ihre Hoffnungen und Ängste, bedient nicht nur voyeuristisches Interesse. Dieses Unterfangen besitzt auch politische Relevanz (und ist so gesehen doch mehr als ein *Schulmädchen-Report* ohne Sex), weil es dazu beitragen kann, die realen Machtverhältnisse in unserem Land besser zu verstehen.

Ich beschloss, ein Buch über die deutsche Oberschicht zu schreiben. Und wo hätte ich mit der Recherche für dieses Buch besser beginnen können als bei jenem Mann, der mein frühes Bild von Reichtum so sehr geprägt hat und dem ich dennoch nie persönlich begegnet war.

Ich fand Jürgen Hunkes Büroadresse in Hamburg, schickte ihm eine E-Mail, in der ich mein Buchprojekt vorstellte – und nachdem Hunke von einer längeren Asienreise zurückgekehrt war, fand er sich sofort zu einem Gespräch bereit.

Ziemlich genau 20 Jahre, nachdem ich zum letzten Mal vom Schulbus aus den Kopf zu Hunkes Villa in meinem Heimatort gewendet habe, stehe ich nun wieder vor einer weißen Villa, diesmal einem jener prachtvollen Gründerzeitkästen, die Hamburgs Alsterufer säumen. Harvestehude, Mittelweg – »Adresslage« nennen die Makler so etwas. Sieben Millionen Mark hat Hunke Ende der 90er für die Villa investiert, dann noch einmal rund 10 Millionen Mark in den Umbau, der (natürlich) in einem Rechtsstreit mit dem Denkmalschutzamt endete. Ein Prozess, den Hunke übrigens gewonnen hat.[7]

Die Sekretärin lässt mich zunächst an einem gläsernen Besprechungstisch im Erdgeschoss Platz nehmen. Alles steht hier voll mit Buddha-Statuen: aus Gusseisen, aus Marmor, aus Kupfer, aus Sandstein. Einige nur wenige Zentimeter hoch, einige fast lebensgroß. Europas größte Sammlung, wie ich bald erfahren werde. An den Wänden chinesische Kalligrafien, praktischerweise stehen die deutschen Übersetzungen der Schriftzeichen direkt daneben: »Stark Klar Gerecht«, »Treue Güte Friede«.

Nach fünf Minuten kommt ein schlanker, freundlicher Hund herein und schnüffelt ein wenig an mir herum.

Nach zehn Minuten erklingt leichte Klaviermusik aus versteckten Lautsprechern.

Nach fünfzehn Minuten betritt Jürgen Hunke den Raum. Der mittlerweile 67-Jährige hat die noch immer vollen Haare straff zurückgegelt, das Gesicht ist tief gebräunt. Hunke trägt eine karottenförmige Bundfaltenhose aus schwarzem Leder mit weit ausgestellten Hüften, ein Kleidungsstück, wie ich es bis dahin ausschließlich aus Musikvideos der 80er-Jahre kannte. Dazu ein schwarzes Hemd mit weißem Kontrastkragen und ein schwarzes Jackett, so lang geschnitten, dass es eher einem Gehrock ähnelt. In der Brusttasche ein leuchtend rotes Einstecktuch, womit die Frage nach Hunkes Lieblingsfarben als beantwortet gelten darf.

Hunke nimmt nicht an dem Besprechungstisch Platz, an dem ich bereits sitze, sondern bittet mich in den Nachbarraum, wo sein mächtiger Schreibtisch steht. T-förmig kauert vor dem Schreibtisch ein Besucherpult mit zwei Stühlen daran. Hunke thront also hinter dem Schreibtisch, ich sitze davor wie ein Angestellter beim Rapport. Zuletzt, so schießt mir in diesem Moment durch den Kopf, habe ich ein solches Arrangement der Macht auf Fotos von Wladimir Putins Büro im Kreml gesehen.

Stark, klar, gerecht … ohne ein Wort zu verlieren, hat

Hunke innerhalb von 15 Minuten hinreichend deutlich gemacht, wer in dieser Villa das Sagen hat.

Er stellt mir ein paar Kontrollfragen, will offenbar sicherstellen, dass wir wirklich beide aus der gleichen Gegend stammen. Dann beginnt er von seinem Werdegang zu berichten, und seltsam: Es klingt alles ganz anders, als man es sich in meinem Heimatort erzählte.

»Eigentlich war ich ja immer Idealist«, sagt Hunke. Er sei in den Versicherungsvertrieb eingestiegen, »weil ich nicht mit ansehen konnte, dass die großen Versicherungen ihre Produkte völlig am Bedarf vorbei entwickelt haben«. Mit dem von ihm ersonnenen »Jugendschutzbrief« habe er, Hunke, Versicherungen erstmals zu einem Markenartikel gemacht. 1985 habe er 140 000 Verträge verkauft. Und weil er durch diese hohen Stückzahlen viel Verhandlungsmacht gegenüber den Versicherungsgesellschaften besaß, konnte er für die jungen Leute »Topkonditionen« heraushandeln.

Für einen Moment schweigt Hunke, dann streckt er mir über den Schreibtisch hinweg seine Unterarme hin. »Sehen Sie, ich kriege Gänsehaut, wenn ich davon erzähle.«

Für Hunkes Vision, zu einem »Aldi der deutschen Assekuranz« heranzuwachsen, hat es dann doch nicht ganz gereicht. 2000 verkaufte er seine Unternehmensgruppe für, so wird kolportiert, einige Hundert Millionen Mark. Inzwischen sind andere Firmen deutlich größer als Hunkes ehemaliges Reich. Etwa der AWD, gegründet von Carsten Maschmeyer (der mit der Ferres). »Na sei's drum«, sagt Hunke, »für das ganz große Wachstum fehlte mir wohl die nötige Härte und Kompromisslosigkeit.«

Stattdessen führt Hunke jetzt einen Buchverlag namens Mikado, in dem er unter anderem auch sein eigenes Werk verlegt hat: einen Ratgeber mit dem Titel »Du wirst 60 – und was dann?«, der in weiten Teilen von Jürgen Hunke handelt.

Darin klingt Hunke überraschend verletzlich, wenn er einräumt, wie viel Angst er vor Alter und Krankheit hat und davor, »auf andere Menschen angewiesen zu sein«.

Die Politik: mit 18 Start in der Jungen Union, »weil ich schon damals nach Menschen suchte, die ebenso wie ich diese wunderbare Freiheit wertschätzen, die wir in Deutschland genießen«. Dann in Wunstorf CDU-Stadtrat, Fraktionsvorsitzender.

Und der Austritt? »Der damalige niedersächsische Ministerpräsident Ernst Albrecht hat sich gegenüber einem Parteikollegen in arroganter Form verhalten, da habe ich die Sache hingeschmissen.«

Auch die vielen anderen Konflikte, die sich durch Hunkes Leben ziehen wie die Speckfäden durch den Schinken, erfahren nun eine ganz andere Deutung: Hunke sieht sich selbst als »Häuptling«, der nicht gern nach anderer Leute Pfeife tanzt. Außerdem verachte er Biedermänner, Filz und Korruption.[8] Drei Abneigungen, die es in der Tat schwer machen, in Hamburgs besserer Gesellschaft nicht anzuecken.

In der Villa in Großenheidorn, so erfahre ich noch, lebt inzwischen Hunkes erste Ehefrau, »wir haben ein Super-Verhältnis«. Heute ist Hunke mit einer 34 Jahre alten Chinesin liiert, einer Sportstudentin, die er im Vapiano kennengelernt hat, einem schlichten Selbstbedienungs-Nudelrestaurant an der Rothenbaumchaussee.[9] Die dreijährige gemeinsame Tochter »lernt schon Deutsch und Mandarin«.

Wie wichtig ihm eigentlich sein Reichtum sei, frage ich Hunke zum Abschluss. Ach, eigentlich gar nicht, erwidert der, im Gegenteil: All der Wohlstand bereite auch viele Probleme, »alles zu verwalten und richtig zu machen. Ich finde es manchmal erstrebenswerter, weniger zu besitzen, weil man dann unabhängiger ist.« Sicher, sein heutiger Lebensstandard mit allen Kosten und allem Personal erfordere schon einen fünfstelligen Eurobetrag pro Monat, »aber ich könnte auch mit erheblich weniger existieren«.

Als ich nach einer guten Stunde aus dem schwarzrotweißen Buddhatempel wieder auf den Mittelweg hinaustrete, hat mir das Gespräch mit Jürgen Hunke eines klargemacht: Selbstwahrnehmung und Fremdwahrnehmung können am oberen Ende der Gesellschaft offenbar besonders drastisch auseinanderklaffen.

II. Der Wohlstand der Individuen
Was Philosophen von Platon bis Marx über Reichtum gedacht haben – und was wir über die Millionäre in unserer Mitte wissen

Am Anfang war der Reichtum. Und kurz darauf folgte der Versuch, ihn wissenschaftlich zu legitimieren.

Wer es sich in der Antike leisten konnte, Philosoph zu sein, besaß entweder selbst Vermögen oder zumindest die Gunst reicher Gönner. Wer arm war, hatte keine freie Zeit zum Nachdenken, und lesen oder schreiben konnte er in der Regel auch nicht. Wir vernehmen also die Ansichten eines Privilegierten, wenn Platon urteilt: »Denn wie die Dichter ihre eigenen Gedichte und die Väter ihre Kinder lieben, so ist auch den Erwerbenden das Geld ihr Ein und Alles. (…) Es ist also nicht leicht, mit ihnen überhaupt auch nur zu verkehren. Denn sie kennen nichts anderes als das Lob des Reichtums.«[10]

Wohlgemerkt: Die Kritik Platons richtet sich gegen den Erwerbenden, nicht gegen den Besitzenden. Eine typische Unterscheidung in der gesamten antiken Philosophie. Dazu passt, dass es bei den alten Griechen faktisch nur zwei Vermögensarten gab: Grundbesitz, den man erbte und der meist mit einer herausgehobenen gesellschaftlichen Rolle als Aristokrat einherging. Oder Wohlstand, erlangt durch Handel, der vielen Menschen offenstand und in dem schon damals so etwas wie Leistungsgerechtigkeit herrschte: Die schlauesten und fleißigsten Händler waren besonders erfolgreich, konnten materiell mit den Grundbesitzern gleichziehen – und bedrohten so den angestammten Herrschaftsanspruch der Aristokratie.

Was soll man also davon halten, wenn Platons Lehrer Sokrates über Menschen urteilt, die durch Arbeit zu Geld gekommen sind: »Nehmen sich diese nun, deiner Meinung nach, viel anders aus als ein zu Geld gekommener Schmiedegesell, ein unansehnlicher Kahlkopf, der eben erst aus dem Gefängnis entlassen, aber in einem Bade gesäubert und neu gekleidet, wie ein Bräutigam herausgeputzt, die verarmte und von ihren Verwandten verlassene Tochter seines Herrn heiraten will?«[11]

In diesen Sätzen steckt etwas, das unseren Diskurs über Reichtum bis heute prägt: die Verachtung des Intellektuellen gegenüber dem Neureichen, der seinen frisch erworbenen Wohlstand durch allzu viele Trophäen unter Beweis stellen muss – etwa durch geckenhafte Kleidung (»wie ein Bräutigam herausgeputzt«) oder mithilfe einer Trophäenfrau aus den besseren Kreisen (»von ihren Verwandten verlassene Tochter seines Herrn«). Hunkes Gehrock und Maschmeyers Veronica lassen grüßen.

Lediglich aus einem Grund wurde Reichtum von den meisten Philosophen der Antike für gesellschaftlich akzeptabel erachtet: Um nämlich eine kleine Schicht aus Aristokraten (und Philosophen) mit derart hohen Kapitaleinkünften zu versorgen, dass diese sich ohne materielle Sorgen dem Regieren (beziehungsweise Nachdenken) widmen konnten. Wenn also Platon und Sokrates über die neureichen Händler lästerten, stabilisierten sie damit indirekt die Herrschaft der Aristokratie, die wiederum den Philosophen ihre komfortable Stellung ermöglichte. Der Satz »Wes Brot ich ess, des Lied ich sing« stammt übrigens weder von Platon noch von Sokrates.

Antike Philosophen, die über den Reichtum nachdachten, lieferten also in erster Linie den geistigen Überbau zu den bestehenden Machtverhältnissen – und dieser affirmativen Tradition sind die meisten bekannten Denker treu geblieben. Dass neu erworbener Reichtum jahrhundertelang diskreditiert wurde, liegt auch an einer ökonomischen Fehleinschätzung, die vom Altertum bis zur Renaissance das Abendland prägte und unbewusst noch heute in vielen Köpfen steckt: Die Menge der Güter und des Geldes auf dieser Welt galt als fix. Wenn irgendjemand Reichtum anhäufte, musste er diesen Wohlstand also jemand anderem abgenommen haben. Entweder einer großen Menge armer Menschen, die hinterher noch ärmer waren, oder (shocking!) den Aristokraten.

Völlig unbekannt hingegen die Idee, dass Wirtschaft kein Nullsummenspiel sein könnte, dass der gesamtgesellschaftliche Wohlstand durch unternehmerische Tätigkeit, durch Sparen und Investieren auch absolut wachsen kann. Kein Wunder also, dass große Denker über nahezu zwei Jahrtausende hinweg alles taten, um den Reichtum aus Handel oder unternehmerischer Tätigkeit schlechtzureden.

Aristoteles ersann sogar einen eigenen Begriff für jenes Wirtschaften, das nur aufs Anhäufen von Geld durch Kaufen und Verkaufen abzielt: die Chrematistik, von der sich bis heute der deutsche »Krämer« ableitet. Der schnöden chrematistischen Schacherei stellte Aristoteles als positives Gegenstück die Produktion von Gütern in Landwirtschaft und Handwerk entgegen. Nicht nur das Motiv des Neureichen findet sich also bereits in der Antike, sondern auch die Kritik an der Spekulation, an der Vermehrung von Geld um seiner selbst willen, die uns heute zum Beispiel bei der Aufarbeitung der jüngsten Finanzkrise wiederbegegnet.

Erst im Hochmittelalter und dann massiv mit dem Beginn von Renaissance und Reformation begann der philosophische Mainstream seine Richtung zu ändern. Und wieder war die gesellschaftliche Realität den Denkern einen Schritt voraus: Im Spätmittelalter entstanden zunächst in Italien, dann auch in Deutschland die ersten Banken, die am Verleih von Geld verdienten und so stillschweigend das Zinsverbot der katholischen Kirche untergruben. Nach der Vertreibung der Muslime aus Europa ließ sich das Mittelmeer wieder ungehindert befahren, der Fernhandel in Europa erlebte einen beispiellosen Aufschwung. Freie Städte wie Venedig, Genua oder auch Nürnberg und Augsburg gewannen an Macht, und in diesen Städten regierten zumeist reiche Händler, nicht reiche Adelige.

Kaum begannen die Händler mächtig zu werden, zeichnete sich auch in der Philosophie eine neue Bewertung des Handels ab. Johannes Duns Scotus erkannte im späten 13. Jahrhundert: Handel sei gesellschaftlich notwendig, weil er die Bevölkerung mit Waren versorge, die sonst nicht zugänglich seien. Etwa zur gleichen Zeit brachte Thomas von Aquin den Gedanken auf, dass Wohlstand durch Handel durchaus okay sein könne, solange man nur den Gewinn daraus für den richtigen, tugendhaften Zweck verwende.

Eine Meinung, die sich auch Reformator Johannes Calvin zu eigen machte, der nun offiziell mit dem in der Praxis längst aufgeweichten Zinsverbot der Kirche brach. Einen moderaten Zinssatz von fünf Prozent hielt Calvin für angemessen. Die Reformationsbewegung der Calvinisten prägte die Vorstellung, dass materieller Wohlstand, erlangt durch eigenen Fleiß und Geschick, ein Zeichen für die Gunst Gottes sei. Diese religiöse Überzeugung wurde rasch zu einer sich selbst erfüllenden Prophezeiung: Calvinisten waren in vielen Gesellschaften tatsächlich wirtschaftlich erfolgreicher als Katholiken.

Die philosophische Schule von Salamanca brachte schließlich Anfang des 16. Jahrhunderts den Gedanken auf, dass der Preis eines Gutes sich vor allem nach seiner Knappheit richten sollte, also nach Angebot und Nachfrage. Wenn ein Händler für ein begehrtes Gut einen hohen Preis festsetzt und dadurch ordentlich Gewinn macht, handelt er demnach nicht unmoralisch. Bis dato hatte man ausschließlich den

Aufwand zur Herstellung eines Gutes als Maßstab für den Preis gelten lassen, alles andere galt als unlautere Geldschneiderei.

Im 17. Jahrhundert folgte mit John Locke der erste liberale Staatstheoretiker, der dem einzelnen Bürger bestimmte unveräußerliche Rechte gegenüber dem Staat einräumte – unter anderem das Recht auf Privateigentum, über das sich nach Lockes Auffassung selbst ein König nicht willkürlich hinwegsetzen darf. Rund 100 Jahre später stellte dann Adam Smith den endgültigen Freibrief fürs Reichwerden aus. Die wohl berühmteste These aus seinem Hauptwerk *Der Wohlstand der Nationen*: Wer im Wirtschaftsleben eigennützige materielle Ziele verfolge, der diene zugleich dem Gemeinwohl, weil er den Wirtschaftskreislauf am Leben halte, für Wachstum, Beschäftigung und damit gesamtgesellschaftliche Wohlstandsmehrung sorge.

Wiederum 200 Jahre später formulierte es Gordon Gekko alias Michael Douglas im Film *Wall Street* etwas salopper: »Greed is good«, Gier ist gut.

So wie die antiken Philosophen die Adelsherrschaft gerechtfertigt hatten und die Denker aus Spätmittelalter und Renaissance die wachsende Macht der Fernhändler und Bankiers, der Medici und Fugger, so lieferte auch Smith den ideologischen Überbau für eine neue Phase der wirtschaftlichen Entwicklung: Um 1700 begann sich das Manufakturwesen in Europa zu verbreiten, der Vorläufer der industriellen Fabrikation. Smith selbst erwähnt das Beispiel einer Stecknadelmanufaktur, in der die Arbeit in kleinste Schritte zerlegt sei. Nur so werde der gewaltige Ausstoß von 48 000 Stecknadeln pro Tag möglich. Die bessere Versorgung des Landes mit Stecknadeln rechtfertigte es in den Augen von Smith, die Arbeiter die immer gleichen monotonen Handgriffe ausführen zu lassen.

Sollte der englische Stecknadelfabrikant je nach einer ethischen Rechtfertigung seines Tuns gesucht haben, um seinen Reichtum unbeschwert zu genießen: Smith lieferte sie ihm.

Doch Smith' Thesen wurden schon bald auf eine harte Probe gestellt. Sicher, die rasante Industrialisierung förderte den gesamtgesellschaftlichen Wohlstand, nie gesehene Massen von Gütern verließen die Fabrikhallen. Dank der Eisenbahn dauerte eine Reise quer durch Europa nun wenige Tage statt vieler Wochen mit der Postkutsche. Aber kam dieser neue Wohlstand wirklich allen zugute, wie Smith behauptete?

Friedrich Engels schilderte als einer der Ersten das Elend in den neu entstandenen Arbeitervorstädten. Zugleich gehörte er zu den wenigen Wirtschaftsphilosophen, die gegen ihre eigenen Interessen argumentierten: Als Sohn eines Elberfelder Tuchfabrikanten hätte Engels ein kommodes Leben genießen können. Aber er musste sich ja partout mit einem liederlichen Kölner Zeitungsschreiber namens Karl Marx herumtreiben, der seinen Kumpel Engels zu allem Überfluss auch noch permanent anschnorrte.

Seit dem Hochmittelalter hatte individuell erworbener Reichtum eine Wendung ins Positive erhalten. Mitte des 19. Jahrhunderts nun, als die neu entstandene Schicht der Industriearbeiter Teilhabe an Macht und Wohlstand einforderte, begann dieses Bild dank Denkern wie Marx und Engels wieder ins Negative zu kippen. Gehörte die Villa des Stecknadelfabrikanten nicht eigentlich den Arbeitern, die all die vielen Stecknadeln hergestellt und mithin den »Mehrwert« erwirtschaftet hatten? Mit dem Marxismus entstand eine ganze Weltanschauung, die alle materiellen Unterschiede zwischen den Menschen für eine vorübergehende Erscheinung hielt: Irgendwann, nach proletarischer Revolution und einer sozialistischen Übergangsphase, würden sich alle Unterschiede zwischen Arm und Reich auflösen in einer klassenlosen kommunistischen Gesellschaft.

Als mildere Variante dieses revolutionären Sozialismus entstand das, was echte Marxisten abfällig als »Trade-Unionismus« belächelten: der Versuch der Arbeiterschicht, sich bessere Lebensbedingungen nicht durch eine blutige Revolution zu erkämpfen, sondern durch Gewerkschaften (englisch: trade unions), durch Streik und friedlichen Kampf um demokratische Teilhabe. Vielleicht musste man den Stecknadelfabrikanten ja gar nicht an der Laterne aufknüpfen, vielleicht könnte man ihn ja auf gewaltfreiem Wege dazu bringen, von seinem Wohlstand und seiner Macht ein bisschen mehr abzugeben? Aus dieser menschenfreundlichen Idee entstand Ende des 19. Jahrhunderts die Sozialdemokratie.

Auf der anderen Seite des politischen Spektrums kam die katholische Soziallehre zu ganz ähnlichen Schlüssen: Ihr Begründer Adolf Kolping hielt Reichtum per se weder für eine Sünde noch für eine Auszeichnung Gottes, sondern vor allem für eine Verpflichtung, damit zum Gemeinwohl beizutragen – ganz ähnlich wie viele Jahrhunderte vor ihm Thomas von Aquin.

Sozialdemokratie und katholische Soziallehre, abgeschmeckt mit ein paar Spritzern Locke'schem Liberalismus: Aus diesen drei Zutaten speist sich bis heute jene Einstellung gegenüber individuellem Reichtum, die hinter dem Gesellschaftsvertrag der Bundesrepublik Deutschland steht und die man umschreiben könnte mit: »Reichtum – es kommt drauf an, was man daraus macht«. Etwas gewählter ausgedrückt findet diese Geisteshaltung ihren Niederschlag in Artikel 14 des Grundgesetzes, der festschreibt: »Eigentum verpflichtet. Sein Gebrauch soll zugleich dem Wohle der Allgemeinheit dienen.«

Von der FDP bis zur Linkspartei stellt heute niemand mehr diesen Konsens infrage: Individueller Reichtum ist okay, doch wer mehr hat, muss auch mehr zur Gemeinschaft beitragen. Aber wie viel ist mehr?

Die liberale FDP will den Spitzensteuersatz bei 47 Prozent inklusive Solidaritätszuschlag[12] belassen, die Linkspartei will ihn auf 53 Prozent anheben (wo er zu Zeiten Helmut Kohls schon einmal lag). Union und Liberale wollen bestehende Vermögen gar nicht besteuern, Linkspartei, Grüne und SPD wollen jene Vermögensteuer wieder einführen, die es ebenfalls schon zu Zeiten Kohls gab.

Sollen die Reichen also von ihrem Einkommen gut die Hälfte an den Staat abgeben oder nur knapp die Hälfte? Soll die Substanz ihres Vermögens gänzlich unangetastet bleiben, oder sollen sie einen kleinen Teil davon ebenfalls abgeben? Das sind in unserem derzeitigen politischen Diskurs bereits die beiden Extrempositionen. Eine ziemlich schmale Bandbreite, wenn man mal bedenkt, dass für Reiche noch vor 500 Jahren die Hölle vorgesehen war (zum Drinschmoren) und vor 100 Jahre die Laterne (zum Dranaufhängen).

Seit der Gründung der Bundesrepublik muss man wesentlich genauer hinschauen als noch vor 100 Jahren, um die feinen Schwankungen zu erkennen, denen die Einstellung der Deutschen zu ihrer eigenen Oberschicht bis heute unterliegt. Diese Schwankungen lassen sich zum Beispiel am Imagewandel jenes Adelsgeschlechts ablesen, das seit vielen Jahrzehnten zur Einkommens- und Machtelite der Bundesrepublik zählt.

»Ihr da oben« revisited

Am 22. April 2010 um kurz nach zwei ist Karl-Theodor zu Guttenberg mal wieder ganz bei sich. Der Bundesminister der Verteidigung hat an diesem Tag eine mittelblaue Krawatte mit einem hellblauen Hemd kombiniert. Der figurbetonte hellgraue Anzug, für Guttenberg inzwischen fast so etwas wie ein Markenzeichen, lässt ihn in Kombination mit den braunen Schuhen und den dunklen, mit Gel zurückge-

kämmten Haaren fast südländisch erscheinen: ein Geschäftsmann, der sich vom Mailänder Corso ins politische Berlin
verirrt hat. Dorthin, wo man seine Seriosität üblicherweise
mit einem möglichst unförmigen anthrazitfarbenen Anzug
demonstriert und seine Entschlossenheit mit einem leuchtend roten Schlips. Was sich auch an der Kleidung des run-
den Dutzends Abgeordneter ablesen lässt, die Guttenberg im
kreisförmigen Anhörungssaal 3101 des Deutschen Bundestags gegenübersitzen.

Der Minister ist offiziell als Zeuge geladen, um vor dem
Kundus-Untersuchungsausschuss des Parlaments auszusa-
gen. Eine ernste Sache, schließlich starben bei dem Bom-
benangriff auf zwei Tanklaster zahlreiche afghanische Zivi-
listen. Doch inoffiziell geht es heute um etwas ganz anderes:
Die Opposition will den Ausschuss nutzen, um am makel-
losen Image des Ministers zu kratzen. Kurz nachdem er den
Job als Verteidigungsminister übernommen hatte, hat Guttenberg den Angriff in Kundus für gerechtfertigt erklärt. Einige Tage später revidierte er seine Meinung, entließ Knall
auf Fall seinen Staatssekretär und den Bundeswehr-General-
inspekteur, weil die ihm angeblich wichtige Informationen
vorenthalten hatten.

SPD, Grüne und Linkspartei wollen die Gelegenheit nutzen, um Guttenberg als Opportunisten zu entlarven. Als je-
manden, der schnell mit einer populären Meinung bei der
Hand ist, sie bei Bedarf ebenso schnell ändert und dann
enge Mitarbeiter opfert, um seine eigene Voreiligkeit zu vertuschen.

Doch Guttenberg hat die Sache im Griff. Bereits bei der
Vorstellung zieht er die Lacher auf seine Seite, als die Aus-
schussvorsitzende ihn bittet, seinen vollständigen Namen zu
nennen. »Wirklich den vollständigen?«, fragt der Minister
kokett und setzt sich dann nonchalant über die Aufforderung
hinweg: Er heiße Karl-Theodor zu Guttenberg, sagt Gutten-

berg und unterschlägt seine übrigen Vornamen: Maria Niko-
laus Johann Jacob Philipp Franz Joseph Sylvester.

Anschließend, als wolle er Abgeordnete und Zuschauer
für ihre soeben gezeigte Heiterkeit strafen, erinnert er gleich
zu Beginn seines Eingangsstatements an die 43 deutschen
Opfer, die der Afghanistankrieg bis dato gefordert hatte:
»Wir müssen unsere Soldaten optimal ausrüsten, sie müssen
sich auf unseren Rückhalt verlassen können.« Nur so lasse
sich »dem geschundenen Volk der Afghanen« helfen.

Mit unerschütterlicher Gelassenheit begegnet Guttenberg
in den folgenden Stunden dem immer gleichen Vorwurf, den
die Abgeordneten der Opposition an ihn herantragen, ver-
kleidet in geringfügig variierte Fragen: Warum hat er seine
Meinung zum Kundus-Bombardement so rasch geändert?
Warum hat er zwei verdiente Spitzenbeamte entlassen?

Doch Guttenberg lässt sich nicht in Widersprüche ver-
stricken, immer wieder zitiert er Aussagen aus seinem Er-
öffnungsstatement. Ein Ausschussmitglied weiß sich schließlich nicht mehr anders zu helfen, als Guttenberg zu rüffeln:
Es sei doch ziemlich unhöflich, auf wechselnde Fragen die
immer gleichen Antworten vom Blatt abzulesen. Statt einer
Antwort lächelt Guttenberg nur freundlich. Er unhöflich?
Absurder Gedanke!

Sie fanden an diesem Tag einfach kein Rezept gegen den
»Baron aus Bayern«, wie man ihn in der linken Hälfte des
Bundestags abfällig nannte. Innerhalb von nur einem Jahr
war Guttenberg vom weithin unbekannten Parlaments-
Hinterbänkler erst zum CSU-Generalsekretär aufgestiegen,
dann zum Wirtschafts- und schließlich zum Verteidigungsminister. Seit dem Rücktritt von Horst Köhler war er der be-
liebteste Politiker des Landes. Über zwei Drittel aller Deutschen wünschten sich, dass er künftig eine wichtigere Rolle
spielt[13], und CSU-Chef Horst Seehofer sinnierte bei ausge-
schaltetem Mikrofon: Guttenberg könnte der Erste aus seiner

Partei sein, der es zum Bundeskanzler bringt. Wobei er selbst nicht genau zu wissen schien, ob er sich das wünschen sollte.

»Es ist, als ob das frische Gesicht mit dem markanten Kinn beim Wahlvolk in eine Marktlücke gestoßen wäre«, urteilte das Magazin *stern,* normalerweise alles andere als CSU-freundlich, bereits 2009 über Guttenberg. »Nach Monaten der Krise, nach den ewig nörgelnden Westerwelles und den notorischen Lafontaines ist da plötzlich jemand auf die Überholspur gezogen, der anders ist als die anderen: jung, korrekt gekleidet und mit blumiger Sprache. Ein Adeliger ohne Allüren. Millionenschwer, mit einer Familientradition, die bis ins 14. Jahrhundert zurückreicht. Ein Aufsteiger, der von oben kommt. Das gab es noch nie.«[14]

In der Tat: Guttenbergs Aufstieg lässt sich ohne seine Herkunft nicht denken. Der Vater: Enoch zu Guttenberg, Dirigent. Die Mutter: Christiane Henkell-von Ribbentrop (ja, die Henkells mit Henkell Trocken und ja, die Ribbentrops mit Hitlers Außenminister). Seine Frau: Stephanie, geborene Gräfin von Bismarck-Schönhausen.

Eine Jugend auf dem Schloss in Franken, sonntäglicher Kirchgang in der eigenen Schlosskirche, mit elf die erste öffentliche Rede, als Karl-Theodor seinen Vater bei einem Begräbnis vertreten muss. Humanistisches Gymnasium, Leistungskurse Latein und Griechisch, Hobbys: Reiten, Bogenschießen, Klavier. Keine Turnschuhe bei Tisch, Wehrdienst bei den Gebirgsjägern, dem heimlichen Adeligen-Treffpunkt der Bundeswehr.

Das Familienvermögen: Tausende Hektar Wald, Schlösser, Weinberge, Unternehmensbeteiligungen. Geschätzter Gesamtwert: 400 Millionen Euro.[15] Ein Guttenberg müsste niemals arbeiten. Und womöglich machte genau das seinen Erfolg aus: Da muss sich einer nicht verbiegen, hieß es, wenn Wirtschaftsminister Guttenberg nach einer politischen Niederlage in Sachen Opel mal eben seinen Rücktritt anbietet, da ist jemand finanziell nicht auf Abgeordnetendiät und Ministergehalt angewiesen und für sein Ego nicht auf Chauffeur und Leibwächter. Der Adelstitel und das Familienvermögen galten als Ursachen für jene innere Stärke, die es Guttenberg erlaubte, nach außen auch mal Schwäche zu zeigen – und so die Regeln des Berliner Politikbetriebs zu durchbrechen.

2011, auf dem Höhepunkt seiner Macht und Beliebtheit, musste Guttenberg zurücktreten. Ein Bremer Juraprofessor hatte Guttenbergs Doktorarbeit mithilfe einer einfachen Google-Überprüfung als Plagiat enttarnt. So richtig zum Verhängnis wurde Guttenberg aber erst, dass er allzu lange versuchte, sein Vergehen als kleine Nachlässigkeit herunterzuspielen, die von Neidern aufgebauscht werde.

Zusammen mit seiner Familie verabschiedete sich Guttenberg zu einer politischen Auszeit in die USA, nur um sich wenige Monate später mit einem vor Selbstgerechtigkeit triefenden Interview wieder zurückzumelden. Guttenbergs erster politischer Comebackversuch muss als vorerst gescheitert gelten.

Mit dem Wissen von heute erscheint es kaum vorstellbar, dass der deutschen Öffentlichkeit nicht schon viel früher das unseriöse, Krulleske an Guttenbergs Gebaren aufgefallen war. Ein Versäumnis, das exemplarisch zeigt, wie sich der deutsche Zeitgeist in den letzten Jahrzehnten gewandelt hat.

Noch vor knapp 40 Jahren nämlich fiel der öffentliche Blick auf die Familie Guttenberg wesentlich kritischer aus.

»Es fällt schwer, bei der Polemik des Herrn Baron von Guttenberg nicht zu beklagen, dass die Deutschen niemals eine Revolution zustande gebracht haben, die dieser Art von Großgrundbesitzern die materielle Grundlage entzogen hätte.«[16] Das Zitat stammt von Altbundeskanzler Helmut Schmidt und bezieht sich auf den Großvater des ehemaligen Verteidigungsminister, der ebenfalls Karl-Theodor hieß, ebenfalls für die CSU im Bundestag saß und unter

Kiesinger als parlamentarischer Staatssekretär im Kanzler-
amt diente.

Vor allem um diesen Karl-Theodor den Älteren geht es in
einem Kapitel jenes 1973 erschienenen Buchs, dessen Titel
längst zum geflügelten Wort wurde: *Ihr da oben – wir da unten*. Der mittlerweile verstorbene *Spiegel*-Redakteur Bernt
Engelmann sieht sich in diesem Reportagenband bei den
Reichen der alten Bundesrepublik um, bei den Gerlings und
Hortens, den Flicks und Oetkers – und eben bei der Familie
Guttenberg. Der junge Undercover-Reporter Günter Wallraff liefert den Gegenschnitt: Er spricht mit denen da unten,
mit den einfachen Arbeitern und Angestellten im Dienste
der großen Dynastien. Im Falle der Guttenbergs geht es vor
allem um die Mitarbeiter in den Kurbetrieben von Bad Neu-
stadt an der Saale, die damals der Familie Guttenberg gehörten.

Eigentlich seltsam, dass keiner der vielen Journalisten, die
über Verteidigungsminister zu Guttenberg Porträts verfass-
ten und über die Gründe seines Aufstiegs sinnierten, jemals
auf Engelmanns und Wallraffs damaligen Bestseller gestoßen
zu sein schien.

Die beiden Autoren zeichnen darin das Bild eines Karl-
Theodor zu Guttenberg senior, der seine Mitarbeiter wie
Leibeigene behandelt, Überstunden nicht bezahlt, Betriebs-
räte zu verhindern sucht, Lehrlinge als billige Hilfsarbei-
ter missbraucht und selbst langjährige Beschäftigte wegen
kleinster Vergehen feuert. Das adelige Standesbewusstsein
zeigt sich vor allem darin, dass sich der Herr Baron bei einer
Betriebsfeier vor den Augen der Belegschaft Rehbraten ser-
vieren lässt – für alle anderen gibt's Würstchen.

Ums Florieren seines Kurbetriebs muss sich dieser Guttenberg keine großen Gedanken machen. Die Betten werden
ihm quasi automatisch mit Kassenpatienten gefüllt. Also hat
er viel Zeit, im Bundestag zu sitzen und gegen Willy Brandts

Ostpolitik und die neuen Mitbestimmungsgesetze zu polemisieren.

Die Kurbetriebe haben die Guttenbergs längst verkauft, geblieben sind ihnen die Wälder. Von Ausbeutung in den Guttenberg'schen Forsten weiß die zuständige Gewerkschaft IG Bauen-Agrar-Umwelt nichts zu berichten. Was daran liegen könnte, dass die Familie nach Auskunft des zuständigen Gewerkschaftssekretärs gar keine eigenen Waldarbeiter beschäftigt, sondern bei Bedarf externe Dienstleister anheuert. Um die Verwaltung des Familienvermögens kümmert sich ohnehin vor allem der Bruder des Exverteidigungsministers.

Dennoch bleibt es verblüffend, dass heute niemand mehr den Weg von Engelmann und Wallraff geht und adelige Abstammung und ererbtes Vermögen zunächst einmal als etwas Verdächtiges ansieht. Wer mit solchem Background in die Politik ging, und das auch noch für die Union, dem wurde in den 70er-Jahren von linken Publizisten unterstellt, dass es ihm vor allem um die Verteidigung seiner spezifischen Oberschichtsinteressen gehe, um die Wahrung von Macht und Mehrung von Vermögen. Heute dagegen gelten Stammbaum und Vermögen der Guttenbergs selbst in einst linken Magazinen wie dem *stern* als Indiz für materielle und geistige Unabhängigkeit.

Schade nur, dass zu Guttenberg jr. diesem positiven Klischeebild dann doch nicht gerecht zu werden vermochte.

Dass sich da in der gesellschaftlichen Einstellung zu Reichtum und Adel etwas verschoben hat, zeigt sich übrigens auch an einem anderen wohlhabenden Adeligen im Deutschen Bundestag: Hermann Otto Solms. Der einflussreiche FDP-Abgeordnete und zeitweilige Fraktionsvorsitzende heißt eigentlich Hermann Otto Prinz zu Solms-Hohensolms-Lich. Er entstammt einem derart ranghohen Adelsgeschlecht, dass sich dagegen die Guttenbergs wie Tagelöhner ausnehmen. Doch als der junge Prinz 1971 seine politische Karriere begann, erschien es ihm opportun, auf den Titel zu verzichten.

Dazu passt die Diagnose, die wenige Jahre zuvor Peter Brügge der deutschen Oberschicht gestellt hatte. 1966 unternahm der Reporter einen Streifzug durch das Leben der Reichen in Deutschland, von dem er 1966 in einer sechsteiligen Serie im *Spiegel* berichtete. Bei den Repräsentanten des ausklingenden Wirtschaftswunders diagnostizierte Brügge als vorherrschendes Gefühl die Furcht vor dem Klassenkampf in all seinen Spielarten, konkret: »Angst vor den neidischen Reflexen des Verbraucher-Volkes«, »Angst vor dem Fiskus«, »Angst vor dem Sozialismus«, »Angst vor Bittstellern«, »Angst vor Gewerkschaften« sowie »Angst vor den Nachwirkungen einer politischen Vergangenheit«, womit gemeint ist: die Sorge, die Öffentlichkeit könne den eigenen Umtrieben in der Nazizeit auf die Schliche kommen.[17]

Als Gegenmodell wider all diese Zumutungen von außen setzten die Wirtschaftswunder-Unternehmer die harmonische Betriebsgemeinschaft: In patriarchalischer Manier wollen sie für ihre Belegschaft da sein, bis hin zu gemeinsamen Opernbesuchen, Gymnastikübungen und Extraprämien für all jene Mitarbeiter, die Verwandte in der DDR unterstützen. Im Gegenzug erwarten sie Gefolgschaft oder zumindest Neutralität im Klassenkampf und werten es laut Brügge als schönsten Treuebeweis ihrer Arbeiter, wenn bei den Betriebsratswahlen möglichst wenige Gewerkschaftsmitglieder Erfolg haben. Gegen Wallraffs und Engelmanns »Ihr da oben – wir da unten« setzen diese Unternehmer ein »Ihr da draußen, wir hier drin«, das die unverdorbene eigene Belegschaft vor den sozialistischen Umtrieben im Rest des Landes zu bewahren sucht.

Steuern runter macht Millionäre munter

Nicht nur der gesellschaftliche Blick auf Reichtum hat sich in den vergangenen Jahrzehnten gewandelt, sondern auch der politische Umgang mit diesem Reichtum. In den 90er-Jahren setzte sich vor allem in der deutschen Finanzpolitik ein neuer Blick auf die Oberschicht durch, der wesentlich durch die Globalisierung bestimmt war: Das Kapital und seine Besitzer galten nun als eine weltweit mobile Ressource. Wer die Reichen in seinem Land zu schlecht behandelte, der würde das Kapital verscheuchen wie ein unachtsamer Jäger das scheue Reh – und am Ende weniger Steuern einnehmen als zuvor. Also galt es die Bezieher hoher Einkommen, die Besitzer großer Vermögen pfleglich zu behandeln, damit sie nicht ihr Geld oder schlimmer noch ihren Wohnsitz und ihr Unternehmen mitsamt Arbeitsplätzen in ein Land mit niedrigeren Steuersätzen verlagerten. Also sank der Spitzensteuersatz zwischen 1998 und 2005 von 53 Prozent auf 42 Prozent – alles unter der Ägide der rot-grünen Bundesregierung. 2007 kam die erneute Erhöhung auf 45 Prozent in Form der »Reichensteuer«, allerdings lediglich für extrem hohe Einkommen ab 250 000 Euro.

Doch diese Erhöhung traf die wirklich reichen Deutschen kaum, denn die beziehen einen Großteil ihres Einkommens nicht aus Erwerbsarbeit, sondern aus den Kapitalerträgen ihres Vermögens. Diese Kapitalerträge mussten bis 2009 im Prinzip mit dem persönlichen Einkommensteuersatz versteuert werden – wenn auch mit vielen Schlupflöchern. Doch 2009 setzte die Große Koalition die Steuern für Kapitalerträge auf einheitlich 25 Prozent fest. Eine faktische massive Steuersenkung für Reiche, die der damalige SPD-Finanzminister Peer Steinbrück gewohnt salopp mit der drohenden Kapitalflucht ins Ausland begründete: Es sei »besser 25 Prozent auf X zu bekommen als 42 Prozent auf gar nix«.[18]

Je weniger der Staat glaubte, die Reichen zum Steuernzahlen zwingen zu können, und je stärker die Gesellschaft die Reichen als eine wertvolle Ressource zu sehen begann, desto höher wuchsen paradoxerweise die ethischen Anforderungen an die Oberschicht. Nach dem Motto: »Liebe Millionäre, wg. Globalisierung können wir euch nicht mehr zwingen, euren Beitrag zum Gemeinwohl zu leisten. Also tut es bitte freiwillig.«

Mit dem Steuernzahlen alleine ist es nicht mehr getan. Wer reich ist, von dem wird heute auch erwartet, dass er sich in der ein oder anderen Form freiwillig fürs Gemeinwohl engagiert, etwa als Spender, Stifter oder im Ehrenamt. Der Oberschichtssoziologe Thomas Druyen geht gar so weit, extra eine neue Begriffskategorie einzuführen: Reich ist für ihn, wer einfach nur viel besitzt. Vermögend hingegen derjenige, der diesen Besitz auch zum Wohle der Allgemeinheit zu nutzen vermag.[19]

Und es wird noch komplizierter: Von der Verteilungsgerechtigkeit, also der Frage, wie viel ein Reicher von seinem Geld abgeben soll, hat sich der gesellschaftliche Diskurs in den letzten Jahren immer stärker in Richtung der Chancengerechtigkeit verlagert. Privater Reichtum gilt heute weithin als gesellschaftlich akzeptabel, solange sich die Chancen, zu Wohlstand zu gelangen, innerhalb der gesamten Bevölkerung ähnlich verteilen.

Eine Debatte, die sich nicht nur auf die Oberschicht beschränkt. Um Chancengerechtigkeit geht es auch bei der Frage, warum Migrantenkinder aus Neukölln so gut wie nie Abitur machen, während man Beamtenkindern aus Bad Godesberg die Hochschulreife im Grunde auch gleich bei der Geburt bescheinigen könnte – sie werden ohnehin studieren.

Seit den 90er-Jahren ist die Chancengerechtigkeit zu einem neuen Dogma der bundesrepublikanischen Bildungs-, Sozial- und Finanzpolitik geworden und hat die Verteilungsgerechtigkeit in den Hintergrund gedrängt. Für die Reichen hat sich die Situation dadurch einerseits entspannt – niemand will ihnen mehr so richtig derbe ans Konto. Doch gleichzeitig hängt die Legitimation individuellen Wohlstands nun nicht mehr nur am Verhalten des einzelnen Reichen, sondern zugleich an der Chancengerechtigkeit der übrigen Gesellschaft. Doch der einzelne Reiche hat natürlich herzlich wenig Einfluss darauf, wie viele Migrantenkinder in Neukölln Abitur machen.

Auch die wieder entflammte Debatte um die ökologischen Grenzen des Wachstums kompliziert das Leben der Reichen. Angesichts von Klimawandel und Rohstoffknappheit stellt sich die Frage: Gilt die alte Adam-Smith-Gleichung eigentlich noch? Dient ein Unternehmer wirklich in jedem Fall der Gesellschaft, solange er nur für Wirtschaftswachstum und Fortschritt sorgt? Auch hier sind die gesellschaftlichen Anforderungen an die Reichen gestiegen. Sie sollen nun für *nachhaltiges* Wachstum sorgen, sollen die Wirtschaftsleistung steigern, ohne den Ressourcenverbrauch zu erhöhen. Gern wird es inzwischen auch gesehen, wenn Reiche im persönlichen Lebensstil auf ihre Ökobilanz achten.

Als ich an einem Sommersonntag des Jahres 2007 den geschätzt 200 Millionen Euro schweren Solarzellen-Fabrikanten Frank Asbeck in seiner schlossartigen Villa hoch über dem Bonner Rheinufer besuchte, empfing er mich mit zerrissenen Jeans, einem weit aufgeknöpften Hemd über der Hose und Birkenstock-Sandalen an den Füßen. Durchaus standesgemäß, schließlich war der Herr Gründungsmitglied der Grünen. Aber dann muss ich wahrscheinlich etwas zu konsterniert auf den Fuhrpark vor der Villa gestarrt haben: ein Porsche 911 Cabriolet (für Asbecks Gattin), ein Nissan-Patrol-Geländewagen (für Ausflüge mit den drei Kindern) und eine Maserati-Quattroporte-Sportlimousine (für den Spaß). Jedenfalls fühlte sich Asbeck sofort bemüßigt, mit mir zum Rheinufer hinabzusteigen. Dort zeigte er mir stolz das selbst installierte Wasserrad, das seine Villa mit Strom versorgt und so den *Carbon Footprint* der Asbecks halbwegs ins Lot bringen soll.

Ein hier nicht namentlich zitierbarer Unternehmer hat

mir vor einigen Jahren in einem Zwiegespräch gestanden: Früher, in den 70ern und 80ern, sei die Sache übersichtlicher gewesen. Da hätten einen die Linken gehasst und man selbst die Linken – anfangs verkörpert durch die Regierungen Brandt und Schmidt, später durch die aufstrebenden Grünen. Der Staat habe einem möglichst viel Geld abknöpfen und Vorschriften machen wollen. Man selbst habe sich vom Staat möglichst wenig sagen lassen und ihm möglichst wenig gegeben – Schwarzgeld in der Schweiz inklusive. Das sei quasi Notwehr gewesen im Klassenkampf. Klare Fronten, klare Verhältnisse.

Dazu passt: Der im Herbst 2010 verstorbene Eberhard von Brauchitsch, legendärer Lenker des Flick-Konzerns, hat die insgesamt 26 Millionen Euro Parteispenden, die Flick in den 70er-Jahren »zur Pflege der Bonner Landschaft« leistete, stets als »Schutzgelder« bezeichnet, »um sich vor Repressionen in Form wirtschaftsfeindlicher Politik zu schützen«.[20]

Womöglich erhalten wir ähnlich klare Fronten schneller zurück, als wir uns derzeit träumen lassen. Die weltweite Finanzkrise des Jahres 2008 brachte rund um den Globus zahlreiche Banken in Schwierigkeiten, die zu riskant spekuliert hatten. Mit milliardenschweren Rettungspaketen, finanziert aus Steuergeldern, musste der Staat diese Banken vor der Pleite retten, sonst wäre die Weltrezession des Jahres 2009 noch deutlich schlimmer ausgefallen. Das Gleiche gilt für die Konjunkturprogramme, mit denen die meisten Industriestaaten einen noch stärkeren Einbruch der Wirtschaftsleistung zu verhindern suchten.

Um Schlimmeres zu verhindern, hat der Staat die Aktienpakete der Reichen vor der Entwertung durch eine Pleitewelle gerettet. Jenes Drittel der Deutschen hingegen, das keinerlei Vermögen besitzt, hatte keine Chance, von den Rettungspaketen zu profitieren – außer dadurch, dass möglicherweise ihr Arbeitsplatz erhalten blieb.

Bankenrettung und Konjunkturpakete ließen die Staatsverschuldung überall auf der Welt sprunghaft ansteigen, allein in Deutschland stieg die öffentliche Schuldenlast zwischen 2008 und 2009 von 66 auf 73 Prozent des Bruttoinlandsprodukts. Zugleich haben die meisten reichen Deutschen, das zeigen die einschlägigen Rankings und Statistiken, die Krise ohne dauerhafte Vermögenseinbußen überstanden.

Jetzt geht es um die Frage, wer für diese Kosten aufkommen soll – und plötzlich bilden Steuererhöhungen für Gutverdiener auch im konservativen Teil des politischen Spektrums kein Tabu mehr. Als Union und FDP im Juni 2010 ihr Sparpaket verkündeten und einen Teil des Geldes bei Hartz-IV-Empfängern eintreiben wollten, erntete die Bundesregierung unerwartet starken Protest nicht nur im linken Lager. Selbst der CDU-Wirtschaftsrat, die Vereinigung der Manager und Unternehmer in der Union, plädierte plötzlich dafür, den Spitzensteuersatz über die derzeit gültigen 45 Prozent hinaus anzuheben. Und die Forderung nach einer Neuauflage der Vermögensteuer, die in Deutschland seit 1997 nicht mehr eingetrieben wird, haben sich nach der Linkspartei nun auch SPD und Grüne zu eigen gemacht.

Das Pendel scheint erneut zurückzuschlagen: In den 60er-Jahren waren Reiche für den gesellschaftlichen Mainstream eine privilegierte Schicht, deren ungerechtfertigte Vorteile es durch hohe Steuern zu beschneiden galt. Um die Jahrtausendwende galten Reiche plötzlich als Leistungsträger, unverzichtbar fürs wirtschaftliche Wohl des Landes, die es durch pfleglichen Umgang am Fortzug in die Schweiz oder sonst wohin zu hindern galt. Nun lässt die Finanzkrise die Reichen abermals als privilegierte Schicht dastehen. Höhere Steuern für Reiche gelten nun wieder als akzeptabel.

Und was ist mit den Reichen selbst? Werden sie den vielfältigen ökonomischen, sozialen und ökologischen Anforderungen gerecht, die unsere Gesellschaft an sie stellt? Oder entzieht sich die Oberschicht massenhaft dem impliziten Gesell-schaftsvertrag, indem sie Steuern hinterzieht, sich politischen Einfluss erkauft, Mitarbeiter schikaniert, ehrenamtliches Engagement verweigert und die Umwelt verschmutzt? Anders gesagt: Wie ticken sie eigentlich, unsere Reichen?

Und was ist mit der viel geforderten Chancengerechtig-keit? Kann man in Deutschland allein durch Ehrgeiz, Risi-kobereitschaft und harte Arbeit zu Geld zu kommen? Oder zirkulieren der Reichtum und die damit einhergehende Macht im Wesentlichen innerhalb einer kleinen abgeschot-teten Elite? Das sind die wichtigsten Fragen, die dieses Buch beantworten will – neben einer viel simpleren natürlich: Ab wann ist man eigentlich reich?

Ein Millionär ist auch nicht mehr das, was er mal war

Die meisten Menschen assoziieren das Wort »Millionär« mit Reichtum, und in der Tat gibt es eine ganze Reihe von Stu-dien, die den Reichtum dort beginnen lassen, wo Menschen über ein Vermögen von mindestens einer Million Dollar, Euro, Pfund Sterling oder Schweizer Franken verfügen.

Seit 1997 veröffentlichen zum Beispiel die Unternehmens-beratung Capgemini und die US-Investmentbank Merrill Lynch ihren *World Wealth Report,* in dem sie die Grenze zum *high net worth individual* bei einem Finanzvermögen von ei-ner Million US-Dollar ziehen. Nicht mit eingerechnet wird dabei der Wert von selbst bewohnten Immobilien, Lebens-versicherungen und ähnlichen Vermögenswerten, die sich nicht ohne Weiteres zu Geld machen lassen. In Deutschland lebten nach dieser Definition 2010 924 000 *high net worth individuals* – oder eben Millionäre.[21]

Der *World Wealth Report* verzeichnet übrigens einen Zu-wachs bei der Zahl der deutschen Millionäre von 2009 auf

2010 um 7,2 Prozent. Der Anstieg spiegelt einerseits einen langfristigen Trend wider: Die Vermögen am oberen Rand der Gesellschaft wachsen deutlich schneller als bei den Deutschen insgesamt. Zum anderen zeigt der Zuwachs, dass die wohlhabenden Deutschen ihre durch die Weltfinanzkrise 2008 erlittenen Verluste nahezu vollständig wieder wettmachen konnten – nicht zuletzt dank staatlicher Konjunktur- und Bankenrettungsprogramme, die die Börsenkurse 2009 deutlich steigen ließen.

Nun könnte man einwenden, dass diese 924 000 Dollar-Millionäre in Euro gerechnet ja gar keine sind. Stimmt, aber es gibt noch viel größere Ungereimtheiten: Weil selbst genutzte Immobilien nicht berücksichtigt werden, würde selbst der Besitzer und Bewohner einer Millionen teuren Prachtvilla an Hamburgs Außenalster nicht ohne Weiteres als *high net worth individual* durchgehen. Anders als sein Nachbar, der die Villa nur gemietet und sein Geld auf der Bank liegen hat. Eine weitere Ungereimtheit: Wer sein Vermögen in Lebensversicherungen anlegt oder gar in die staatliche Rentenversicherung einzahlt, hat es schwerer, beim *World Wealth Report* den Millionärsstatus zu erreichen, als der Freiberufler, der seine gesamte Altersvorsorge auf seinem Aktiendepot aufbaut. Denn nur solche liquiden Anlageformen fließen in die Vermögensberechnung ein. Und was ist mit Lebenspartner und Kindern? Braucht ein Vierpersonenhaushalt vier Millionen Dollar Finanzvermögen, um als Millionärsfamilie durchzugehen?

Zu solchen definitorischen Fragen schweigt sich der *World Wealth Report* aus, und vermutlich ist das ganz gut so: Damit würde eine Genauigkeit vorgetäuscht, die in Wahrheit gar nicht zu erzielen ist. Denn natürlich beruhen die Angaben von Capgemini und Merrill Lynch nur auf Schätzungen. Die Autoren können keinem ihrer mutmaßlichen Millionäre aufs Bankkonto oder ins Aktiendepot schauen.

Was ich an der Definition des *World Wealth Report* trotz solcher Unschärfen charmant finde: Nach ihr gibt es in Deutschland 924 000 *high net worth individuals.* Das entspricht wiederum etwas mehr als einem Prozent der Bevölkerung und lässt sich schön leicht merken: Gut jeder 100. Bundesbürger ist ein Millionär.

Die Zahl der Millionäre in Deutschland ist nach dieser Definition übrigens etwa genauso hoch wie die Zahl der Wohnungslosen. Vielleicht sollte man sich auch das mal merken.

Innerhalb der Millionärsklasse verorten Capgemini und Merrill Lynch eine noch exklusivere Untergruppe, nämlich die *ultra-high net worth individuals,* die über ein Finanzvermögen von mindestens 30 Millionen Dollar verfügen. Die saloppe Übersetzung ins Deutsche müsste wohl lauten: Multimillionäre. Auch diese Abgrenzung erscheint willkürlich, ergibt übertragen auf deutsche Verhältnisse aber durchaus Sinn: Oberhalb von 30 Millionen Dollar Vermögen (oder dem entsprechenden Euro-Betrag) setzt endgültig jener Bereich ein, in dem man keiner Erwerbsarbeit mehr nachgehen muss, um in Wohlstand zu leben. Aus 30 Millionen Dollar Vermögen lässt sich langfristig ein sicheres Zinseinkommen von 300 000 Dollar pro Jahr nach Steuern erzielen.[22] Damit gehört man wiederum zum obersten Prozent der *Einkommens*bezieher in Deutschland.

Womit wir beim Einkommen wären, über das sich Reichtum wesentlich exakter definieren lässt als übers Vermögen. Schließlich wird jeder Bundesbürger mit allen seinen Einkommensarten beim Finanzamt erfasst. Wir wissen also sehr genau, wie hoch das durchschnittliche Nettoeinkommen der Deutschen im vergangenen Jahr lag, nämlich bei rund 1400 Euro im Monat. Darin sind alle legalen Einkommensarten enthalten: das Gehalt des Angestellten, die Honorare des Freiberuflers, die ausgeschütteten Gewinne des Unternehmers, die staatliche Rente des Ruheständlers und natürlich alle Arten von Kapitaleinkünften: die vermietete Wohnung, die Sparbuchzinsen, die Dividenden des Aktiendepots.

Fehlen eigentlich nur die Einkünfte aus Schwarzarbeit und die Zinserträge aus der einen oder anderen Liechtensteiner Stiftung, die Menschen wie Klaus Zumwinkel gerne mal bei der Steuererklärung anzugeben vergessen.

Die Bundesregierung nutzt in ihren regelmäßigen Armuts- und Reichtumsberichten das Durchschnittseinkommen von 1400 Euro als Anker für ihre Definition von arm und reich: Die Armutsgrenze liegt demnach bei 50 Prozent des Durchschnittseinkommens, für einen Alleinstehenden also bei rund 700 Euro im Monat. Als einkommensreich wird demgegenüber bezeichnet, wer über mindestens 200 Prozent des Durchschnittseinkommens verfügt, also etwa 2800 Euro netto. Für größere Haushalte gibt es Zuschläge: Eine Familie mit zwei Kindern unter 14 Jahren gilt ab einem monatlichen Nettoeinkommen von knapp 6000 Euro als reich. Etwa neun Prozent aller Deutschen erfüllen diese Definition von Einkommensreichtum.

Aber fühlt sich eine vierköpfige Familie mit 6000 Euro pro Monat wirklich reich? Sicher, sie kann sich viel leisten, kann ein Haus abbezahlen, ein oder zwei schicke Autos fahren und muss weder bei der Urlaubsreise noch beim Gang durch den Supermarkt aufs Geld schauen. Aber reich? Darunter hatte ich mir irgendwie immer etwas Glamouröseres vorgestellt, Hunkes Ferrari zum Beispiel. Und wir wissen ja, dass Jürgen Hunke nach eigener Einschätzung seinen Lebensstil mit weniger als 10 000 Euro pro Monat nicht finanzieren könnte.

Vor allem aber steht der reine Einkommensreichtum in den allermeisten Fällen auf einem wackligen Fundament: der eigenen Arbeit. Geht diese Einkommensquelle durch Kündigung, Pleite oder Krankheit verloren, ist schlagartig auch der Reichtum perdu. Ein Millionenvermögen hingegen, richtig angelegt, wird seinen Besitzer und noch dessen Kinder durchs ganze Leben begleiten. Untersuchungen zeigen zudem: Wer ein großes Vermögen hat, erzielt in der Regel auch ein hohes Einkommen, sei es aus Zinsen oder einem gut bezahlten Beruf. Umgekehrt gilt das nicht so häufig. Längst nicht jeder Einkommensreiche ist auch vermögensreich. »Reichtum anhand der Höhe des Einkommens zu definieren ist ein anfälliges Vorgehen«, urteilt auch der Vermögenssoziologe Wolfgang Lauterbach, Professor an der Uni Potsdam.[23]

In diesem Buch werde ich deshalb nicht der einkommensbasierten Definition von Reichtum folgen, sondern der vermögensbasierten. Wenn also in den folgenden Kapiteln von »den Reichen« die Rede ist oder »der Oberschicht«, dann verwende ich diesen Begriff synonym mit »Millionär« und meine damit das gut eine Prozent der Bevölkerung an der Spitze der deutschen Vermögenspyramide. Anders als der *World Wealth Report* zähle ich aber auch nichtliquide Vermögenswerte zum Vermögen: Wer zum Beispiel eine Firma besitzt, die er für viele Millionen Euro verkaufen könnte, ist in meinen Augen reich – selbst wenn er sich selbst pro Monat nur ein schmales Gehalt auszahlt.

Möglicher Einwand an dieser Stelle: Wer eine Million Euro besitzt, die in Form einer Firma, einer Praxis oder Kanzlei oder einer Immobilie gebunden sind, der fühlt sich möglicherweise ebenso wenig reich wie die vierköpfige Familie mit 6000 netto im Monat. Stimmt möglicherweise. Aber die Beispielfälle, die im Verlauf dieses Buches beschrieben werden, liegen mit ihren Vermögen ohnehin deutlich oberhalb der Millionengrenze, zumeist um ein Vielfaches.

Die unbekannte Vermögenselite

Auf den vergangenen Seiten ging es um zwei Möglichkeiten, sich dem Leben der Oberen anzunähern. Einmal über die

Philosophie, über die Frage, wie Reichtum ethisch zu bewerten ist und welche sozialen Verpflichtungen aus ihm erwachsen. Dann über die Statistik, über die Festlegung, wann ein Mensch eigentlich als reich zu gelten hat und wie viele Menschen oberhalb dieser Grenze in Deutschland leben.

Wie aber steht es mit der Vermögenssoziologie, mit der wissenschaftlichen Beschreibung der real existierenden Reichen?

Die kurze Antwort: nicht gut. Wir wissen sehr wenig über das Leben der deutschen Millionäre, und wenn man nach den Ursachen des Nichtwissens forscht, dann stößt man auf dreierlei: Zum einen zeigen sich reiche Menschen meist nicht besonders auskunftsbereit gegenüber Sozialforschern, die mit Fragebögen an der Haustür klingeln und nach Einkommenshöhe und Anlagevermögen fragen.[24]

Das zweite Problem ist statistischer Natur: Die Wahrscheinlichkeit, im Rahmen einer repräsentativen Umfrage auf eine nennenswerte Zahl von Reichen zu treffen, ist verschwindend gering. Wir erinnern uns: Gut ein Prozent der deutschen Bevölkerung sind Millionäre. Der Statistiker Klaus Kortmann vom Sozialforschungsinstitut TNS Infratest schätzt, dass man 50 000 Deutsche befragen müsste, um auch nur 500 auskunftsbereite Personen zu finden, die ein frei verfügbares Finanzkapitalvermögen von mindestens 250 000 Euro besitzen.[25] In der Praxis indes arbeiten Sozialforschungsinstitute mit Stichprobengrößen von maximal einigen Tausend Befragten – worunter sich bestenfalls einige Dutzend Millionäre befinden, von denen sich dann wiederum nur ein Teil zu erkennen gibt. Solche Fallzahlen sind jedoch viel zu klein, um repräsentative Rückschlüsse auf die in Deutschland lebenden Millionäre insgesamt zuzulassen. Noch aussichtsloser wird es bei den wirklich Superreichen, den rund 100 Milliardärsfamilien, die in Deutschland leben: Die Wahrscheinlichkeit, dass einer von ihnen jemals einem empirischen Sozialforscher begegnet, liegt ähnlich hoch wie die eines Sechsers im Lotto.

Zwar haben die Macher des sozio-oekonomischen Panels (SOEP), der wichtigsten empirischen Sozialstudie in Deutschland, vor einigen Jahren eine sogenannte Hocheinkommensstichprobe ins Leben gerufen, die gezielt wohlhabende Deutsche erfasst. Doch selbst in dieser Stichprobe liegt die Einkommensuntergrenze bei vergleichsweise bescheidenen 41 500 Euro netto pro Jahr für einen Vierpersonenhaushalt – Millionär ist man damit noch lange nicht, und selbst nach der einkommensbasierten Definition gehört man nicht zu den Reichen.

Mit dem Stichprobenproblem wurde auch der bereits zitierte Sozialwissenschaftler Wolfgang Lauterbach in seiner Befragung *Vermögen in Deutschland* konfrontiert. Er schaffte es zwar, von TNS Infratest 472 Oberschichthaushalte mit einem durchschnittlichen Gesamtvermögen von rund 2,4 Millionen Euro befragen zu lassen. Auch diese Befragung basiert allerdings nicht auf einer repräsentativen Stichprobe, sondern auf dem sogenannten Free-find-Verfahren: Die Interviewer haben gezielt die ihnen bekannten mutmaßlichen Millionärshaushalte angesprochen. Was im Umkehrschluss heißt, dass jene Reichen in der Umfrage fehlen dürften, die ihren Wohlstand bewusst vor der Öffentlichkeit verbergen oder auch nur besonders unauffällig leben.[26]

Doch obwohl (oder gerade weil) es sich nicht um eine repräsentative Stichprobe handelte, stießen die Interviewer auf ungewöhnlich auskunftsfreudige Millionäre. Die Erkenntnisse der Lauterbach-Umfrage werden im Verlauf dieses Buches noch an verschiedenen Stellen eine Rolle spielen.

Trotz der geschilderten Schwierigkeiten ließe sich mit erheblichem Zeit- und Kostenaufwand vermutlich tatsächlich eine repräsentative Stichprobe für Vermögensmillionäre aufbauen – doch wozu?

Damit wären wir bei der dritten Ursache für die schlechte Datenlage: Reiche Menschen machen keine Probleme. Obdachlose, Hartz-IV-Empfänger, Kriminelle: All diese Gruppen werden permanent von Sozialforschern durchleuchtet, weil ihre schiere Existenz von der Öffentlichkeit als Problem wahrgenommen wird: Der Penner soll nicht länger die Fußgängerzone verunzieren, der Langzeitarbeitslose soll aufhören, den Sozialstaat zu belasten, der Kriminelle auf den Pfad der Tugend zurückkehren. Sozialwissenschaftliche Erkenntnisse sollen dabei helfen.

Und der Millionär? Der verursacht keine offensichtlichen Schwierigkeiten. Er zahlt im Normalfall deutlich mehr Steuern, als er den Staat kostet. Er sucht sich seine Villa selbst, ohne auf den sozialen Wohnungsbau zurückzugreifen. Und sollten Millionärskinder doch mal auf die schiefe Bahn geraten, so landen sie meist auf einem Schweizer Internat, bevor sie der deutschen Justiz allzu gravierende Probleme bereiten.

Besteht dieses öffentliche Desinteresse zu Recht? Ich meine nein. So zynisch es klingt: Für das weitere Schicksal unserer Gesellschaft dürfte das eine Prozent Millionäre weitaus wichtiger sein als das eine Prozent Obdachlose. Mit Reichtum geht Macht einher, politische wie wirtschaftliche, und es liegt in unserer aller Interesse, mehr darüber zu erfahren, wie unsere reichen Mitbürger mit dieser Macht umgehen.

Wo Bevölkerungsgruppen zu klein oder zu schwer zugänglich sind, um mit statistischen Methoden valide Aussagen über sie zu treffen, da schlägt die Stunde der qualitativen Sozialforschung. Mit diesem Begriff bezeichnet man zum Beispiel die Beobachtung oder Befragung von Personen, die nicht mittels statistischer Methoden ausgewählt worden sind oder deren Anzahl eigentlich zu klein ist, um repräsentative Aussagen über die Grundgesamtheit zu treffen.

Überspitzt formuliert: Während sich der quantitative Sozialforscher vergeblich müht, genügend Millionäre in seine Stichprobe zu bekommen, denen er dann einen standardisierten Fragebogen nicht vorlegen kann, redet der qualitative Sozialforscher einfach erst mal mit den Millionären, derer er habhaft wird – ähnlich wie es auch Lauterbachs Leute taten. Die Erkenntnisse der Interviews lassen sich dann mit bereits vorliegenden statistischen Daten zu Hochrechnungen verbinden, die zumindest wissenschaftlich gut begründete Vermutungen über die Grundgesamtheit erlauben. Im besten Fall fallen die Interviews und Beobachtungen in der qualitativen Sozialforschung viel ausführlicher, freier und intimer aus, als dies bei einem quantitativen Multiple-Choice-Fragebogen möglich wäre, und kommen gerade dadurch der Lebenswirklichkeit der untersuchten Gruppe besonders nahe.

So wie die Milieustudien des Forschungsinstituts Sinus.

Man ist so reich, wie man sich fühlt

Das Haus, hoch über dem Heidelberger Neckarufer gelegen, noch oberhalb des berühmten Philosophenwegs, atmet in seinem Inneren die fast schon wieder nostalgische Modernität der späten 70er-Jahre. Viel Glas, viele bunte Plastikelemente. Und tatsächlich wurde das Sinus-Institut 1978 gegründet. Eine Handvoll junger Sozialpsychologen und Soziologen wollte von hier aus die bundesdeutsche Gesellschaft neu vermessen.

Bis dahin hatten Sozialforscher vor allem mit sozialen Schichten argumentiert: Die deutsche Gesellschaft gliederte sich für sie in Ober-, Mittel- und Unterschicht, und über die Zugehörigkeit zur jeweiligen Schicht entschied der soziale Status. Der wiederum setzte sich zusammen aus Ansehen, Einkommen und Bildungsabschluss, wobei alle drei Größen eng korrelierten: Wer ein Studium abgeschlossen hatte, konnte in der Regel auch mit einem anständigen Einkommen rechnen und genoss ein hohes soziales Prestige – nicht umsonst galt der gut verdienende junge Arzt jahrzehntelang als Traum-Schwiegersohn.

Wer hingegen keinen Beruf erlernt hatte, der konnte bestenfalls aus der Unterschicht in die untere Mittelschicht aufsteigen, wenn er sich in der Fabrik ordentlich anstrengte. Bei diesem bescheidenen Aufstieg halfen die Gewerkschaft und die SPD, die der Arbeiter selbstverständlich wählte. Ebenso selbstverständlich, wie der katholische Landwirt die CDU wählte und der erfolgreiche Anwalt in der Großstadt die FDP. Wer in eine bestimmte Schicht hineingeboren wurde, der sah mit einem Blick auf die Welt, den ihm seine soziale Herkunft vorgab.

Aber taugte dieses Paradigma wirklich noch zur Beschreibung der sozialen Realität der späten 70er und frühen 80er? Wie passten all die großstädtischen Akademiker in dieses Schema, die sich plötzlich für den Sozialdemokraten Willy Brandt begeisterten und einige Jahre später für die neu gegründeten Grünen? Was war mit all den Lehramtsstudenten, die nach ihrem Examen keine Anstellung fanden und einen dieser neumodischen Copyshops aufmachten – junge Akademiker, die zwar Bildung besaßen, aber weder viel Geld noch einen hohen sozialen Status?

Am entgegengesetzten Ende der sozialen Schichtung gab es plötzlich junge Menschen, die das klassisch sozialdemokratische Versprechen vom bescheidenen Aufstieg durch harte Arbeit kaltließ: Sie wollten frei sein, das Leben genießen und nicht an ein Morgen denken, das ohnehin ziemlich unsicher erschien: Waldsterben, Nachrüstung, Massenarbeitslosigkeit, no future!

Und gleichzeitig gab es da diese jungen Leute aus der gleichen Gesellschaftsschicht, die ihren Lehrlingslohn für Lacoste-Hemden und schmale Lederschlipse sparten, sich Popper nannten und im Zweifel CDU wählten. Sehr verwirrend, nicht nur für Soziologen.

Die Sozialforscher von Sinus reagierten auf die neue Unübersichtlichkeit, indem sie die vertikale Gliederung des klassischen Schichtenmodells um eine zusätzliche horizontale Dimension erweiterten: Sie bildet wie auf einem Zeitstrahl das ab, was man Wertewandel nennt. Ganz links in dieser horizontalen Gliederung stehen die traditionellen Werte: Ordnung, Pflichterfüllung, Religion. Dort läge zum Beispiel die geistige Heimat des konservativen katholischen Bauern.

Etwas weiter rechts folgen die materialistischen Werte. Hier zählen Genuss, finanzielle Sicherheit, sozialer Aufstieg mit den entsprechenden Statussymbolen: die Wertewelt des sozialdemokratischen Arbeiters, der sich endlich ein Häuschen im Grünen leisten kann und stolz ist, dass seine Kinder als Erste in der Familie Abitur machen. In diese Wertewelt gehört aber auch der erfolgreiche Versicherungsmakler Hunke, der mit Ferrari und weißer Villa zum Ausdruck bringt: »Ich hab's geschafft.«

Wieder ein Stück rechts davon: jene Menschen, denen materieller Besitz und sozialer Status weniger wichtig sind als das richtige Lebensgefühl, das ganz entspannte Sein im Hier und Jetzt. Am unteren Ende der sozialen Schichtung zählt der Punk vom Bahnhofsvorplatz in diese Kategorie. Am oberen Ende der gut verdienende Universitätsprofessor in der Altbauwohnung, der sein Geld lieber für Yogakurs und Bio-Barolo ausgibt als für ein dickes Auto.

Die Übergänge zwischen diesen drei grundsätzlichen Wertkategorien – Sinus spricht von *Tradition, Modernisierung/Individualisierung* und *Neuorientierung* – sind natürlich ebenso fließend wie die vertikalen Unterschiede zwischen Ober-, Mittel- und Unterschicht.

Sinus führte seit Anfang der 80er-Jahre eine Vielzahl von Interviews zur Wertewelt der Deutschen, um einigermaßen zuverlässig herauszufinden: Wie verteilt sich die Bevölkerung entlang dieser Werteskala von Tradition bis Neuorientierung? Anschließend kombinierten die Forscher die Werteskala mit dem traditionellen Schichtenmodell und definierten anhand dieser Daten spezifische soziale Milieus in Deutschland: typische Kombinationen aus sozialem Status und Wertorientierung.

Seit der ersten Auflage 1980 wurde dieses Modell immer wieder an den gesellschaftlichen Wandel in Deutschland angepasst und beschreibt heute zehn Einzelmilieus. Der schon mehrfach bemühte konservative Bauer gehört heute zum traditionellen Sinus-Milieu (das 15 Prozent der Deutschen umfasst). Darüber schwebt mit ähnlicher Wertewelt, aber deutlich mehr Geld das konservativ-etablierte Milieu (10 Prozent). Der aufstiegsorientierte Facharbeiter zählt zur bürgerlichen Mitte (14 Prozent) und der Punk zum hedonistischen Milieu (15 Prozent), auch wenn sein Dasein auf dem Bahnhofsvorplatz eher freudlos anmutet. Aber das würden umgekehrt manche Hedonisten wohl auch über den Professor sagen, der sich mit Biowein und Yogakurs zwar nicht ins Nirwana, aber immerhin ins sozialökologische Milieu (7 Prozent) medi- beziehungsweise dekantiert hat.

Die Sinus-Milieus haben sich längst zu einer Standardwährung entwickelt, vor allem in der Markt- und Meinungsforschung. Ohne dass wir es als Verbraucher wahrnehmen, werden neue Automodelle heute gezielt im Hinblick auf Kunden in einzelnen Milieus entwickelt. Zeitschriftenanzeigen werden danach geschaltet, ob das jeweilige Blatt auch im passenden Milieu gelesen wird. Wahlkampagnen richten sich gezielt an Wähler aus bestimmten Milieus. Ohne dass es den meisten von uns bewusst ist, werden wir alle von Wirtschaft und Politik vor allem als Angehörige eines Milieus wahrgenommen.

Ganz unabhängig von der methodischen Kritik[27], die immer wieder am Milieumodell laut wird, hat der Ansatz somit längst seine eigene Dynamik entwickelt: Er prägt die Realität, gerade weil er als Beschreibung unserer Gesellschaft in den beiden mächtigen Teilsystemen Wirtschaft und Politik anerkannt wird.

Sinus verdient sein Geld vor allem mit Aufträgen aus der Wirtschaft. So war es zunächst nichts Ungewöhnliches, als Thomas Perry, damals Forschungsdirektor bei Sinus, 2007 einen Auftrag der HypoVereinsbank erhielt: Für den Bereich *Wealth Management,* also die Betreuung besonders reicher Kunden, wünschte sich die Bank genauere Erkenntnisse darüber, wie diese Zielgruppe tickt: Was ist den reichen Deutschen wichtig im Leben, welche Träume haben sie, was verabscheuen sie, und natürlich: Was erwarten die Reichen von einer guten Bank?

Aus diesem Beratungsauftrag entstand mit der *Typologie des Erfolgs* die wohl anschaulichste und aufschlussreichste Sozialstudie, die je über Deutschlands Millionäre erstellt wurde.[28] Das Forschungsteam um Thomas Perry führte insgesamt 58 mehrstündige Interviews mit Deutschen, die über ein Vermögen von mindestens einer Million Euro bis weit über 10 Millionen Euro besitzen.

Auf dieser Grundlage und in Anlehnung an das klassische Sinus-Milieumodell unterteilten die Forscher die Millionäre in sechs typische Oberschichtmilieus. In sechs Gruppen also, die alle am oberen Rand des klassischen Schichtenmodells angesiedelt sind, sich aber hinsichtlich ihrer Wertorientierung dramatisch unterscheiden: von den konservativen und den etablierten bis zu den liberal-intellektuellen Vermögenden; von den statusorientierten und den konventionellen Vermögenden bis zum neuen vermögenden Nachwuchs.

Inzwischen hat sich Thomas Perry mit einem eigenen Sozialforschungsinstitut selbstständig gemacht. 2010 erhielt er von der HypoVereinsbank den Auftrag für eine Nachfolgestudie zur *Typologie des Erfolgs.* Die neue Studie, die wiederum auf zahlreichen Tiefeninterviews mit Millionären beruht, bringt vor allem zwei zusätzliche Erkenntnisse: Sie zeigt, dass die 2007 definierten Oberschichtmilieus durch die jüngste Wirtschafts- und Finanzkrise nicht nennenswert erschüttert wurden und unverändert Bestand haben. Zudem verglich Perry die Wertorientierung der deutschen Millionäre mit der von Standesgenossen in Italien, Österreich und Polen.[29]

Bis heute ist die *Typologie des Erfolgs* nur teilweise veröffentlicht worden. Für die bereits erwähnte Reportage im *manager magazin* über die Lebenswelt der deutschen Oberschicht konnte ich Einblick in die Studie nehmen und Auszüge daraus verwenden. Auch dieses Buch orientiert sich in weiten Teilen an der Systematik der *Typologie des Erfolgs* und wird weitere Ergebnisse hieraus vorstellen, ebenso wie aus der 2011er-Nachfolgestudie.

Dazu habe ich die Form einer Deutschlandreise gewählt: In den folgenden Kapiteln werde ich die sechs Oberschichtmilieus jeweils anhand von typischen Vertretern vorstellen, und zwar von Nord nach Süd, angefangen von einem etablierten Vermögenden in Flensburg bis hin zu einem Vertreter des jungen vermögenden Nachwuchses südlich von München. Auf diese Weise hoffe ich nicht nur eine soziologische, sondern gewissermaßen auch eine geografische Skizze der Lebenswelt deutscher Millionäre zu zeichnen. Soweit nichts anderes erwähnt wird, haben sich diese Begegnungen mit der deutschen Oberschicht zwischen 2008 und 2010 abgespielt. Wird bei Vermögensgrößen einzelner Reicher keine andere Quelle genannt, handelt es sich um Schätzungen aus dem 2011er-Ranking des *manager magazin* »Die 500 reichsten Deutschen«.[30]

Dazwischen wird es um allgemeinere Fragen gehen, die ich mir selbst bei meinen Begegnungen mit reichen Menschen immer wieder gestellt habe: Wie hängen Macht und Reichtum in unserem Land zusammen? Inwieweit prägt

Reichtum die Persönlichkeit, inwieweit führt eine bestimmte Persönlichkeitsstruktur zu Reichtum? Brauchen wir eigentlich eine höhere Erbschaftsteuer? Oder sollten wir sie ganz abschaffen? Wie gerecht oder ungerecht sind in Deutschland die Chancen verteilt, zu Reichtum zu gelangen? Und gibt es Merkmale, die typisch sind für alle Reichen?

Wie sich die Reichen gleichen

Die Antwort auf die letzte Frage schon mal vorab: »Die reichen Deutschen bilden eine ähnlich bunte Truppe wie der Rest der Gesellschaft«, sagt Thomas Perry, »aber es gibt auch Dinge, die nahezu alle deutschen Millionäre gemeinsam haben.«

Da ist zum Beispiel die Angst, ausgenutzt zu werden. Nahezu alle Reichen plagt, ob bewusst oder unterschwellig, die Sorge, andere Menschen könnten nur um des Geldes willen ihre Nähe suchen. Aus dieser Furcht resultiert die auffällige Neigung von Reichen, sich vor allem in Netzwerken mit ihresgleichen zusammenzutun. Man wundert sich ja bisweilen, dass einem Multimillionär tatsächlich nichts Besseres einfällt, als sich eine Villa in einem so abgelegenen und langweiligen Stadtviertel wie München-Grünwald zu kaufen. Der Grund ist einfach: Wo alle Geld haben, lässt es sich für Reiche einfach entspannter mit den Nachbarn plaudern. Wo alle Luxusautos fahren, fällt der eigene Ferrari nicht so auf. Selbst Jürgen Hunke hat sich ja nach seinen Jahren als Paradiesvogel von Großenheidorn für einen Umzug nach Hamburg entschieden und wohnt und arbeitet dort in einem Villenviertel an der Alster, in dem Geld nun wirklich kein Thema ist – man hat es halt.

Umgekehrt gilt allerdings auch: Wer es einmal geschafft hat, diesen Sicherheitskordon zu durchbrechen und von den Reichen als einer der ihren anerkannt zu werden, der hat leichtes Spiel mit ihnen. Ein Umstand, den sich der Anlagebetrüger Jürgen Harksen zunutze machte, als er in den 90er-Jahren unzählige reiche Hamburger mit einem Schneeballsystem um ihre Millionen brachte – unter den Opfern war auch der Schlagersänger Dieter Bohlen. »Es gibt das Phänomen des Cocoonings«, sagt Markus Miller, selbst Vermögensverwalter, über die Zielgruppe der Reichen. »Wenn aber einmal einer dort eindringen darf, bekommt er meist viele Investmentchancen.«[31] Harksen lebte auf so großem Fuße, trat so selbstsicher auf – er musste in den Augen seiner vermögenden Opfer einfach einer der ihren sein.

Die ebenfalls häufig gewählte Alternativstrategie der Millionäre zum Schutz vor Ausnutzung: Man lässt niemanden wissen, wie reich man wirklich ist. Die Sinus-Forscher sind bei ihren Interviews einem millionenschweren Erben begegnet, der in einer schlichten Reihenhaussiedlung lebt – aber mitten in seinem Viertel heimlich eine eigene Tiefgarage unterhält, in der er seine umfangreiche Sportwagen-Sammlung parkt. Gerne wird solch eine Mimikry-Strategie von den Erben weitverzweigter Familiendynastien gewählt. Auf die Frage, ob man denn zu *der* Familie Quandt oder Mohn gehöre, antwortet man dann einfach mit einem gemurmelten »mmmnein«.

Sei es die Behausung im Villenviertel, die Freizeit auf dem Golfplatz oder der eigenen Jacht, der Urlaub in Kampen oder St. Tropez, die Geldanlage bei der inhabergeführten Privatbank und das Ehrenamt bei den Rotariern oder im Freundeskreis der Staatsoper: So klischeeträchtig es klingt, ihr ganzes Leben organisieren Reiche am liebsten in Netzwerken, in denen sie unter sich sind. Neben dem Schutz vor Schnorrern lassen sich in solch informellen Zirkeln des Vertrauens natürlich auch vortrefflich Geschäfte anbahnen. Zutritt zum Netzwerk hat, wer ebenfalls reich ist oder aus einem anderen Grund als unverdächtig gilt. Das trifft zum Beispiel auf den

Schulfreund zu, der einen noch aus der Zeit kennt, als man kein Geld hatte.

So wie in der Freundschaft zwischen Andreas von Bechtolsheim, Mitgründer des US-Computerkonzerns Sun Microsystems, und Herman Kreitmeir, Surflehrer am Bodensee. Heute steht der Milliardär Bechtolsheim in der sozialen Hierarchie weit über Kreitmeir. Doch vor 40 Jahren am Gymnasium Lindau war das anders. Da war Kreitmeir der umschwärmte Surfer, der auf den Schulfesten die Mädels klarmachte – während Elektroniktüftler Bechtolsheim endlos an der Lichtorgel herumfummelte. Dennoch, oder vielleicht genau deshalb, hat die Freundschaft all die Jahre überstanden. Bechtolsheims 50. Geburtstag haben die beiden zusammen mit 150 Gästen in Kreitmeirs Haus am Bodensee gefeiert. Im Gegenzug besucht Kreitmeir Bechtolsheim regelmäßig in seiner Wahlheimat Palo Alto, einige Kilometer südlich von San Francisco.

»Andreas ist auf dem Teppich geblieben, er gibt kaum Geld aus, im Kühlschrank sind meist nur Milch und Müsli«, erzählt Kreitmeir, »aber im Supermarkt in Palo Alto stellt er mich dann Sergey und Larry vor.«[32]

Sergey Brin und Larry Page – das sind die beiden Erfinder der Suchmaschine Google. Bechtolsheim war 1998 der Erste, der Geld in das neu gegründete Internetunternehmen investierte. Was sein Vermögen abermals vervielfacht haben dürfte.

Eng mit der Angst vor Ausnutzung hängt der Unwille zusammen, sich für seinen Reichtum zu rechtfertigen. Keiner der Millionäre, den die Forscher um Perry interviewt haben, hatte jemals das Gefühl, zu Unrecht reich zu sein – ein Eindruck, der sich mit meinen Erfahrungen deckt. Selbst wer sein gesamtes Vermögen nur ererbt hat, sieht seinen Wohlstand als völlig legitim an. Das gilt sogar für erklärtermaßen linke Unternehmer wie den Hamburger Reeder Peter Krämer, der für eine Vermögenssteuer plädiert, die ihn selbst treffen würde.

Häufig gehörte Begründung: Man habe sich das Erbe quasi nachträglich verdient, weil man es bewahrt habe, und zwar mit mehr persönlichem Einsatz und Erfolg, als es andere vollbracht hätten. »Wer ein Vermögen geerbt hat, zieht zumeist einen Großteil seines Selbstbewusstseins daraus, dass er dieses Vermögen mehrt und an die nächste Generation weitergibt«, sagt Perry. Mutmaßlich ein psychologischer Selbstschutzmechanismus: Ererbter Reichtum prägt den Menschen so sehr, dass es geradezu selbstzerstörerisch wäre, diese Wurzel der eigenen Identität abzulehnen.

Jene Oberschichtmentalität, nach der man sich seinen Wohlstand in jedem Fall verdient habe, steht allerdings in krassem Gegensatz zur Meinung im Rest der Bevölkerung. Die führt in Umfragen Reichtum vor allem auf soziale Herkunft und gute Beziehungen zurück.[33] Dementsprechend haben reiche Menschen selten Lust, sich in Normalverdienerkreisen zu bewegen, wo sie Neid oder Missgunst vermuten. Was die Abschottungstendenzen noch einmal verstärkt.

Woher das ganze Geld stammt, lässt sich ebenfalls klar beantworten: Zum Millionär wird man in Deutschland in den allermeisten Fällen als Unternehmer oder Freiberufler – oder als Erbe. Als Angestellter hingegen wird man in der Regel nicht reich, und Reiche verdingen sich zumeist nicht als Angestellte. In der bereits erwähnten Umfrage *Vermögen in Deutschland* fragte das Team von Professor Lauterbach unter anderem nach der Hauptquelle des eigenen Vermögens. Lediglich knapp 8 Prozent nannten abhängige Erwerbstätigkeit als wichtigste Quelle ihres Reichtums.[34] Der angestellte Topmanager, Chefarzt oder Investmentbanker bildet also unter Deutschlands Millionären eher die Ausnahme. Ein Ergebnis, das sich auch in den Biografien der Interviewpartner für

Thomas Perrys *Typologie des Erfolgs* wiederfindet. Kein Zufall also, dass sich unter den Reichen, denen wir im Verlauf dieses Buches begegnen werden, niemand aus der Angestelltenkaste befindet.

Gut 47 Prozent der von Lauterbachs Team Befragten nannten berufliche Selbstständigkeit als Hauptquelle des Vermögens und 30 Prozent Erbschaften oder Schenkungen. 6,5 Prozent haben einen reichen Partner geheiratet. Die an 100 noch fehlenden 8 Prozent nannten Lotterie- oder Börsengewinne oder Immobilienbesitz als Quelle des Reichtums.[35] Wobei sich Immobilienbesitz und Börsengewinne natürlich streng genommen wieder in die Kategorien Erbschaft (das geerbte Mietshaus) oder selbstständige Tätigkeit (die geschickte Börsenspekulation) unterteilen lassen.

Zusammenfassend lässt sich also sagen: Rund die Hälfte der deutschen Millionäre haben den Großteil ihres Reichtums als Unternehmer oder Freiberufler verdient, rund ein Drittel hat vor allem reich geerbt.

Wobei sich diese beiden Quellen häufig gegenseitig bedingen: Wer als Unternehmerspross einen Familienbetrieb erbt, ihn dann erfolgreich weiterführt und im Laufe der Jahre den Wert der Firma mehr als verdoppelt, hat natürlich streng genommen den Großteil seines Vermögens mit selbstständiger Arbeit verdient. Doch zugleich wurde der Grundstein zur Karriere als erfolgreicher Unternehmer finanziell wie biografisch dadurch gelegt, dass man bereits ein Unternehmen geerbt hat. Je weiter man sich von den einfachen Millionären (die vor allem bei *Vermögen in Deutschland* befragt wurden) zu den wirklich Superreichen vorarbeitet, desto größer wird der Anteil solcher Firmenerben, die auch selbst als Unternehmer erfolgreich sind. Versandhausunternehmer und Multimilliardär Michael Otto darf als typisch für diese Kategorie gelten. Den Grundstein zum OTTO Versand legte Michaels Vater Werner Otto. Ähnliches gilt beispielsweise für die Gründerenkel Markus Miele und Reinhard Zinkann, die gemeinsam den geerbten Hausgerätekonzern Miele führen. Und auch in diesem Buch wird der Unternehmersohn als Prototyp des reichen Deutschen immer wieder auftauchen.

Ganz recht: Unternehmer*sohn,* denn das Gesicht des Reichtums in Deutschland ist überwiegend männlich. Es sind nach wie vor eher die männlichen Erben, die Familienunternehmen weiterführen. Die Erbinnen lassen sich häufig auszahlen, begnügen sich mit einer Rolle als stille Gesellschafterin oder heiraten gezielt einen Mann, den Papa nicht nur als Schwiegersohn akzeptiert, sondern auch als Nachfolger im Chefsessel. Der derzeitige Präsident des Deutschen Industrie- und Handelskammertags Hans Heinrich Driftmann hat zum Beispiel in Psychologie promoviert und an der Führungsakademie der Bundeswehr gelehrt. Alles andere als eine klassische Unternehmerkarriere – bis er in die Elmshorner Haferflockendynastie Kölln einheiratete und als Nachfolger seines Schwiegervaters die Führung der Köllnflockenwerke übernahm.

Der typische deutsche Millionär ist also ein Unternehmer. Und zwar sehr häufig einer, der seine von den (Schwieger-)Eltern übernommene Firma weiterführt. Dieser biografische Hintergrund dürfte mitverantwortlich sein für eine weitere Gemeinsamkeit nahezu aller Reichen: Die ausgeprägte Familienorientierung.

Sicher, den meisten Menschen ist ihre Familie wichtig. Doch bei Millionären verstärkt sich diese Orientierung zu einem geradezu dynastischen Denken. Den selbst erworbenen oder zumindest gemehrten Reichtum eines Tages an die nächste Generation weiterzugeben, gehört zu ihren größten Wünschen. Dementsprechend bilden möglichst viele wohlgeratene Kinder, die sich nicht gegen die hehren Pläne auflehnen, die ihre Eltern mit ihnen haben, das wahre Statussymbol der Oberschicht. Immer wieder bin ich Unternehmerkindern begegnet, die auf den Partys ihrer Eltern Getränke ausschenken. Nicht, dass man sich keine Lohnkellner leisten könnte. Es geht vielmehr, bewusst oder unbewusst, um das Signal: Seht her, ich habe den permanenten Affront meiner eigenen Sterblichkeit ein kleines Stück weit überwunden, denn meine Kinder werden weiterführen, was ich erschaffen habe.

Das dynastische Denken bewirkt wiederum den hohen Stellenwert, den Bildung für nahezu alle reichen Menschen genießt – und zwar eine ganz bestimmte Art von Bildung.

Es gehört zu den zählebigsten Mythen der deutschen Debatte um Chancengerechtigkeit im Bildungssystem, dass Millionäre ihre Kinder am liebsten auf teure Privatschulen schicken, mit Englischunterricht ab Klasse eins, Mandarin ab Klasse drei und einer Zulassung für Oxford oder Harvard als großem Ziel nach dem Abitur.

Doch bei diesem Streben um akademische Meriten handelt es sich in Wahrheit nicht um ein Phänomen der Oberschicht, sondern der bildungsbürgerlichen Mittelschicht. Um den Herzenswunsch jener gehobenen Angestelltenkreise, in denen man sich sorgt, dass das eigene Kind das richtige Rüstzeug für den harten Daseinskampf erhält – weil für dieses Dasein eben noch nicht von Geburt an gesorgt ist. Das 1994 gegründete Internat Schloss Torgelow in Mecklenburg zum Beispiel, ein Institut für »Schülerinnen und Schüler mit Zukunft« (Eigenwerbung), wendet sich an »beruflich engagierte Eltern, die wissen, dass die Leistungserwartungen höher, der berufliche Wettbewerb härter, Schul- und Studienabschlüsse wichtiger werden« – und erhält nach Auskunft des Schulleiters vor allem Bewerbungen aus der gehobenen Mittelschicht.[36] Diese Eltern haben den Wert von Bildung zutiefst verinnerlicht und glauben, ihren Kindern mit der Privatschule einen entscheidenden Startvorteil bei der Lebenslaufoptimierung zu verschaffen.

Eine Untersuchung des Deutschen Instituts für Wirtschaftsforschung in Berlin über den sozialen Hintergrund von Privatschülern fand heraus: 59 Prozent der Kinder an Privatschulen haben zumindest einen Elternteil mit Abitur. Bei der Gesamtheit der Schulkinder beträgt dieser Anteil lediglich ein Drittel.[37] Natürlich verdienen diese Eltern aufgrund ihrer hohen Bildung mehr als der Durchschnittsdeutsche. Doch rechnet man diesen bildungsbedingten Unterschied heraus, dann bleibt kein statistisch signifikanter Zusammenhang zwischen dem Haushaltseinkommen der Eltern und der Wahrscheinlichkeit, dass sie ihre Kinder auf eine Privatschule schicken.[38] Die Bildung der Eltern stellt also den entscheidenden Faktor dar, nicht das Einkommen – auch wenn beide Größen eng korrelieren.

Hinter den Bildungsidealen der Oberschicht und der gehobenen Mittelschicht stehen zwei gänzlich unterschiedliche Weltbilder: Für die gehobene Mittelschicht hängt der soziale Status am Beruf und der wiederum am Bildungsabschluss und an der Fähigkeit, sich am Arbeitsmarkt gegen andere durchzusetzen. Werbeslogans wie der von Schloss Torgelow spielen mit der latenten Abstiegsangst dieser Mittelschicht, nach dem Motto: »Oh Gott, die Welt da draußen wird immer härter, und jetzt kommen auch noch die Chinesen!« Umso wichtiger, dass die kleine Sophia-Charlotte beizeiten lernt, wie man »Darwinismus« auf Mandarin schreibt.

Das Bildungsideal der Oberschicht hingegen lässt sich eher an einem Internat wie Louisenlund bei Schleswig besichtigen. Der Kaffeeröster Albert Darboven drückte hier die Schulbank, ebenso der Bankier Max Warburg. Auch der erfolgreiche Werber Jean Remy von Matt (Agentur Jung von Matt) schickte seine Söhne Newton und Edison nach Louisenlund – doch die Vornamen der beiden Sprösslinge darf man nicht allzu wörtlich nehmen. Niemand geht nach Louisenlund, um sein wissenschaftliches Genie zu wecken. Der Abiturschnitt pendelt hier um die 2,5 und entspricht damit ziemlich genau dem schleswig-holsteinischen Landesschnitt. Kein Ruhmesblatt für die Oberschichtpenne, wenn man bedenkt, dass die Klassen in Louisenlund deutlich kleiner sind als an den staatlichen Schulen und die pädagogische Betreuung deutlich intensiver ausfällt. Doch der Schwerpunkt liegt in Louisenlund eben nicht auf akademischen Leistungen, sondern in der Charakterbildung: Die Schüler lernen ihre Meinung zu sagen im Debattierklub, Kommandos zu geben beim Kuttersegeln auf der Ostsee, Mut zu zeigen in der freiwilligen Feuerwehr, Verantwortung zu übernehmen als Mentor für jüngere Schüler. Ganz im Sinne der Oberschichteltern, die zumeist wissen: Auch ihr eigener Wohlstand beruht nicht auf schulischen oder akademischen Spitzenleistungen. Entweder hat man sein Geld geerbt, als Unternehmer verdient oder beides, und den eigenen Kindern winkt eine ähnliche Biografie. Fürs Führen einer Kaffeerösterei, einer Privatbank oder einer Werbeagentur zählt indes die richtige Persönlichkeit weit mehr als die Durchschnittsnote im zweiten juristischen Staatsexamen.

Sicher, das Abitur und irgendein akademischer Abschluss sollten im Zuge der Oberschicht-Bildungskarriere schon abfallen – der Junge muss ja später verstehen, was Prokurist und Justitiar ihm sagen wollen. Aber er soll bitte nicht so ein Zahlen- beziehungsweise Paragrafenhuber werden wie die beiden!

Die meisten reichen Deutschen sehen sich selbst als optimistische Machertypen, und in diesem Geist wollen sie auch ihre Kinder erziehen. Keine verwöhnten Nichtsnutze sollen da heranwachsen, aber auch keine introvertierten Bücherwürmer. Die Strategien, um dieses Erziehungsziel zu erreichen, fallen durchaus unterschiedlich aus. Großer Beliebtheit erfreuen sich Reforminternate wie Louisenlund oder Salem, in liberalen Kreisen auch Waldorf- oder Montessorischulen. In manchen konservativen Oberschichtdynastien gehören jesuitische Ordensinternate wie St. Blasien zur Familientradition, wobei es weniger um jesuitische Intellektualität geht als um die hier vermutete Mischung aus Disziplin und Eigenverantwortung. Die allermeisten Oberschichteltern allerdings schicken ihre Kinder auf öffentliche Schulen, und zwar bevorzugt auf jene ein, zwei Gymnasien mit besonders »hartem« Ruf, die es in nahezu jeder mittleren oder größeren Stadt gibt. Sicheres Kennzeichen für eine echte Oberschichtschule: ein möglichst antiquierter Name (»Johanneum«) und eine ebensolche Sprachenfolge (Latein ab Klasse fünf). Auch hier stellt nicht das Latinum das Lernziel dar, sondern die Charakterschulung auf dem Weg dahin, das Durchbeißen in einer Umgebung, in der man als Millionärsspross keine Privilegien genießt.

Als durchaus typisch kann die Erziehung gelten, die Annette von Rantzau ihren vier Söhnen angedeihen ließ. Ihrem Mann Heinrich und dessen Bruder Eberhart gehört die traditionsreiche Reederei *Deutsche Afrika-Linien,* Annette von Rantzau leitet ein Internat bei Bad Segeberg. Dennoch (oder gerade deshalb) schickte sie ihre vier Söhne auf öffentliche Schulen, lediglich der etwas wild geratene Jüngste musste in Salem auf Spur gebracht werden. Wichtiger waren ohnehin die außerschulischen Erziehungsanteile. Zu ihnen zählten frühe Praktika bei befreundeten Schifffahrtsunternehmen rund um den Globus, aber auch: Seefahrtsbuch beantragen und inkognito als normaler Matrose mit einem Chemikalientanker auf große Fahrt gehen. »Wer Reeder werden will, sollte eben wissen, ob er mit 15 philippinischen Kollegen klarkommt«, sagt Annette von Rantzau trocken.[39]

III. Ich sehe keine Deutschen mehr, nur noch Klasse
Eine Reise von Kampen bis zum Ammersee auf den Spuren der deutschen Oberschicht

1. Ernüchterung in Kampen: Ist das wirklich die deutsche Oberschicht?

Es ist noch nicht mal 21 Uhr, aber bei Gretas Rauchfang stehen sie trotzdem schon in Dreierreihen um die Außenbar rum: Lauter blondierte Wuschelmähnen (die Damen) oder grau melierte Schläfen (die Herren) über tiefbrauner, meist nicht mehr ganz faltenfreier Haut. Lauter Hände, die aus dunkelgrünen Steppjacken ragen und Gin-Tonic-Gläser halten. Ein Witzbold trägt einen leuchtend gelben Ostfriesennerz, und ein anderer Mann stellt seine vielleicht achtjährige Tochter auf einen der Tische, damit sie besser übers Getümmel sieht: »Na was meinst du, welche der Frauen hier könnte Papi denn gefallen?«

Schweigen.

»Wie wär's mit der Blonden hinter der Bar?«

»Ach nee, Papi, die ist doch viel zu doll geschminkt.«

Dann müssen alle mal kurz aufschauen, weil ein schwarzer Bentley unter Motorengeheul versucht, in die viel zu kleine Lücke einzuparken, die ihm ein im Leopardenlook lackiertes Porsche-Cabriolet gelassen hat.

»Greta, machste uns noch mal so 'nen Fisch?«, ruft einer, den Eingeweihte als einen der größten Fleischfabrikanten Deutschlands erkennen, und allein dieser Satz aus diesem Mund sollte einen nachdenklich stimmen.

Drüben auf der anderen Straßenseite, im Pony, feiern sie *Münchner Nacht*. Als Dekoration baumeln ein paar einsame

Brezeln an blau-weißen Bändchen in der steifen Nordseebrise, und die Kellner tragen Lederhosen. Viel los ist hier noch nicht, und vielleicht ist das gar nicht schlecht. So hat Pony-Wirt Oskar Schnitzer ein bisschen mehr Muße, um über seinen Liebeskummer hinwegzukommen: Agata, Medizinstudentin aus Polen, hat ihn vor Kurzem verlassen. »Dabei habe ich ihr noch einen Mini Cooper geschenkt«, sagt Schnitzer. »Sie hat mich nur ausgenutzt.« Und wer ist der Neue? »So ein hässlicher alter Sack, ein Industrieller aus Paderborn. Das Einzige, was der hat, das ist Geld. Er war einer meiner besten Kunden.«[40]

Noch ein paar Häuser weiter, im Gogärtchen. Auch nicht viel los. Kein Vergleich zu unserem letzten Sylt-Besuch. Fußballspiel Deutschland-Spanien, da war's im Gogärtchen mindestens so voll wie heute beim Rauchfang. »Ohne Reservierung? Aus-ge-schlossen!«, stöhnte Gogärtchen-Wirt Rolf Seiche jedem Neuankömmling entgegen und fand dann doch noch ein nettes Plätzchen an den Hockern rund um die Gartenbar. Es liefen ein paar Fernseher, aber eigentlich interessierte sich hier niemand für Fußball. »Ja, klar, wie viele Tonnen brauchen sie denn?«, dröhnte einer mit westfälischem Dialekt in sein Handy, der sich später tatsächlich als Stahlhändler entpuppte.

Dann kam der Fotograf rein: »Hallohallofürdiebildzeitungjetztmalbittealle: Stimmuuuuunnnnng.« Hundert Händepaare gehen hoch, auch die vom westfälischen Stahlhändler, knips, knips, zweimal Blitzlicht, und schon ist der Fotograf wieder draußen auf dem Weg zum nächsten Kampener Promi-Lokal.

So sehen sie aus, die ganz normalen Abende im Kampener Strönwai, besser bekannt als »die Whiskystraße«. Ein Spitzname aus der Zeit, als Whisky noch ein Modegetränk war und Gogärtchen-Wirt Seiche ein junger Mann. In den 60ern kam der ehemalige Schiffssteward der Holland America Line nach Sylt, kellnerte im Hotel Stadt Hamburg und eröffnete 1971 seinen ersten Klub: das »Village«, in dessen Kellerpool damals die besten Partys endeten. Seit 1981 schmeißt er das »Gogärtchen«.

Gelegentlich kramt Seiche die Fotos raus aus der guten alten Zeit, und schon die Namen der Gäste auf den Bildern klingen nach Nostalgiekino: Gunter Sachs neben Günter Pfitzmann, Uwe Seeler und Helmut Rahn, der mit »Aus dem Hintergrund müsste Rahn schießen – Rahn schießt – Tor, Tor, Tor«. Das war 1954. Der junge Carlo von Tiedemann und der junge Günter Netzer, man weiß nicht, welche Frisur schlimmer ist, und ist dann richtig froh, auf einem der Fotos Jogi Löw zu erkennen, eine Perlenspur aus dem Labyrinth des Gerontotaurus zurück in die Gegenwart.

Inzwischen hat Seiche eine Lungenkrebsoperation hinter sich, mutmaßliche Folge von fünfzig Jahren mit 50 Zigaretten täglich, und vor einigen Jahren hat er nach eigenem Bekunden auch dem Alkohol abgeschworen – ein ernüchterndes Erlebnis in doppelter Hinsicht. Seit er Abend für Abend mit 0,0 Promille den Gesprächen seiner Gäste lauschen muss, hat er erkannt: »Man fasst es kaum, was Männer, die große Unternehmen aufgebaut haben, die hoch erfolgreich sind, so alles reden und tun. Wie sie sich um gesellschaftliches Renommee mühen, um den Ritterschlag einer Einladung zum exklusiven Krebsessen etwa. Wie sehr es um Neid, Liebe und Liebesverrat geht. Es ist alles dabei. Kleine, teure Eitelkeiten. Große Dummheiten.«[41]

Ach so, beim Krebsessen handelt es sich übrigens um eine Sylter Institution, eine alljährliche Einladung des Ehepaars Manfred und Katharina Baumann, das mit einer Werbeagentur zu Geld gekommen ist. Unter den Gästen meist einige Fernsehgesichter (Johannes B. Kerner), einige Wirtschaftsgrößen (Verlegerin Friede Springer, Airberlin-Chef Joachim Hunold), ein bisschen Sportprominenz von gestern

(Michael Stich) und ganz viel sogenannte Buchstabierprominenz: Leute, die irgendwie aussehen, als erwarteten sie, erkannt zu werden, bei deren Namen aber selbst die stets beim Krebsessen vertretenen Klatschreporter erst mal fragen müssen: »Wie schreibt sich das?«

Nirgendwo in Deutschland wirkt die deutsche Oberschicht so übersichtlich und zugleich so altmodisch wie in Kampen. Das Publikum besteht hier aus zwei Gruppen: den Reichen und den Prominenten. Die Reichen müssen das ganze Jahr über irgendwo in Deutschland Stahl verkaufen, Kniescheiben operieren oder juristische Schriftsätze verfassen. Und wollen wenigstens während einiger Wochen Urlaub das Gefühl genießen, ganz oben angekommen zu sein. Dabei hilft es, wenn man bei Baumanns neben dem Kerner gestanden hat oder zumindest im Pony neben Harald Juhnkes Sohn Oliver. Ein Mechanismus, an dem sich nichts geändert hat, seit ihn Helmut Dietl vor mittlerweile 25 Jahren in seiner Fernsehserie »Kir Royal« karikierte, als Klebstofffabrikant Heinrich Haffenloher dem Klatschreporter Baby Schimmerlos die Schlagzeile seiner Träume diktierte: »Prächtig amüsiert sich Generaldirektor Haffenloher im Kreise seiner Freunde.«

In Kampen scheint alles im Kir-Royal-Jahr 1986 stehen geblieben zu sein. Reich ist hier noch immer, wer eine Doppelmagnum Dom Pérignon bestellt, prominent noch immer, wer an der Schlange vorbei ins Rote Kliff kommt. Die Millionärssöhnchen klappen noch immer (oder schon wieder?) die Kragen ihrer rosa Polohemden hoch, und die Frauen tragen noch immer jene Barbourjacken, über die sich Christian Kracht schon 1995 in seinem Roman *Faserland* lustig machte. Selbst die Modegeschäfte in Kampen atmen den Geist der späten 80er: Wolfgang Joop hat hier eine Wunderkind-Boutique, Louis Vuitton verkauft seine Handtaschen und Iris von Arnim ihren Kaschmirschick, den man euphemistisch zeitlos nennen könnte.

Wiedervereinigung, Globalisierung, Euro-Einführung, 9/11, Weltfinanzkrise: alles spurlos vorübergeweht an Sylt im Allgemeinen und Kampen im Besonderen. 98 Prozent der Gäste kommen noch immer aus Deutschland, und davon nur ein verschwindend kleiner Teil aus der ehemaligen DDR. Gelegentlich verirrt sich ein reicher Russe auf die Insel, angelockt vom Sylter Mythos als »The German Hamptons«. Doch wenn sie sehen, welche Millionensummen in Kampen für Reetdach-Doppelhaushälften mit 90 Quadratmeter Wohnfläche aufgerufen werden, dann ziehen selbst hartgesottene Oligarchen wieder von dannen und kaufen sich lieber eine Gründerzeitvilla in Baden-Baden. Da gibt's fürs gleiche Geld wenigstens genug Platz für den Fuhrpark und ein paar anständige Säulen vorm Eingang.

So gesehen ist Kampen der ideale Ausgangspunkt für eine Reise durchs wahre Leben der deutschen Oberschicht, eine letzte Begegnung mit den Klischees, die man über die reichen Deutschen schon immer im Kopf hatte. Denn schon auf der nächsten Station unserer Reise wird die Sache unübersichtlich.

2. Flensburg: Let's talk about decks, Baby!
Die etablierten Vermögenden und die feinen Unterschiede auf dem Wasser

Das ochsenblutrote, über 60 Jahre alte Reetdachhaus versinkt fast im Schilf. Nur eine schmale Schneise führt durch die mannshohen Halme hindurch zum Ufer der Flensburger Förde. Es geht einer dieser endlos scheinenden, in zartes Violett getauchten Sommerabende zur Neige, die es nur im Norden gibt.

Besteckfabrikant Oliver Berking hat zum Gartenfest geladen.

Einmal umdrehen, und der Blick wandert zurück durch die Schneise im Schilf auf das weiße Festzelt und auf das mächtige Lagerfeuer. Mitten im Garten spielt ein schwarz gekleidetes Trio Jazzstandards: »Summertime, and the Living's Easy«, leise genug, um sich zu unterhalten und dem einen oder anderen verspäteten Vogelschrei aus dem Schilfdunkel zu lauschen.

Und wer immer die blasslila Wiesenblumensträuße auf den weiß gedeckten Stehtischchen platziert hat, er hat geahnt, welche Farbe der Himmel heute Abend tragen würde.

Das Innere des Reetdachhauses passt zur Party: eine gut gelaunte Mischung aus Landhausstil und modernem Design, mit Terrakottafliesen und einer urigen Küchenbank, dazu Waschbecken von Philippe Starck. Alles wirkt hier geschmackvoll, nichts wirkt protzig.

Doch huch, einer scheint so gar nicht in diese Atmosphäre entspannter Eleganz zu passen: der Gastgeber.

Oliver Berking, ein kantiger Endvierziger, trägt auf seiner Stirn einen prächtigen Sonnenbrand, am restlichen Körper verwaschene Jeans und eine blaue Windjacke. Im borealen Zwielicht könnte er glatt als der ältere Bruder von Detlev Buck durchgehen. Je länger man in die Runde schaut, desto stärker fällt auf: Die meisten Gäste haben es Berking gleichgetan. Viele tiefgebräunte oder sonnenverbrannte Gesichter und Polohemden, die über die Hose hängen. Einer der wenigen Gäste mit Anzug und Krawatte stellt sich im Gespräch als Hamburger Repräsentant der Schweizer Bankgesellschaft UBS heraus, der hier heute Abend reichen Kunden nachstellt – obwohl er das natürlich niemals so ausdrücken würde. Ansonsten wird die Spitze des Dresscodes von einigen Klubblazern eingenommen, deren Brustwappen dem Kenner einen subtilen Ausweis deutscher Seegeltung vermitteln: Kieler Yacht-Club, Hochseesportverband Hansa, Norddeutscher Regatta Verein.

Drei Stunden zuvor waren die meisten von Berkings Gästen noch draußen auf der Flensburger Förde, als Bootseigner oder Crewmitglieder bei der vermutlich exklusivsten Weltmeisterschaft der Welt: einer Regatta, gesegelt mit sogenannten Zwölfern. Das sind Oldtimer-Rennjachten der Baujahre 1912 bis 1939, rund 20 Meter lang. Sehr selten, sehr schön, sehr teuer. Kein Wunder, dass sich die meisten Gespräche zwischen Reetdachhaus, Fördeufer und Lagerfeuer vor allem um die heutige Regatta drehen. Zum Beispiel darum, wie die *Trivia* des Hamburger Softwareunternehmers Wilfried Beeck in einem verwegenen, manche behaupten sogar: halsbrecherischen Manöver der *Sphinx* von Gastgeber Berking die bessere Startposition abgenommen hat und es um Tampenbreite Kleinholz gegeben hätte. Ebenso wird bedauert, unter rein sportlichen Gesichtspunkten, versteht sich, dass die *Flica II* von Stadtplanerbe Alexander Falk nicht dabei sein konnte – »so ein schönes Boot«. Doch was soll man machen, Falk war damals gerade wegen Betrugs zu vier Jahren Gefängnis verurteilt worden. Und so waren es am Ende nur 11 Schiffe, die bei der Weltmeisterschaft an den Start gingen. Berkings *Sphinx* belegte schließlich Platz drei hinter *Trivia* und dem Spitzenreiter *Nyala* von Patrizio Bertelli, Eigentümer des Modelabels Prada.

Berking war bei der Regatta nicht nur Teilnehmer und Partygastgeber, er hat die ganze Weltmeisterschaft ins Leben gerufen und ausgerichtet, aus Liebe zu alten Booten im Allgemeinen und zu seiner gerade fertig restaurierten *Sphinx* im Besonderen. Inzwischen hat er allerdings die *Sphinx* schon wieder verkauft und sich das nächste Zwölfer-Wrack zur Restaurierung vorgenommen.

»Ich bin schon seit meiner frühesten Kindheit Segler«, sagt Berking. Zudem sei er schon immer fasziniert gewesen von Menschen, die Dinge herstellen, »die nicht nur eine bloße Funktion erfüllen, sondern von zeitloser Schönheit und Haltbarkeit sind«.[42] Die edlen Holzboote, die Berking in seiner Freizeit segelt, und das teure Silberbesteck, das die Besteckmanufaktur Robbe & Berking seit 1874 herstellt, sie sind für Berking Ausdruck der gleichen Grundhaltung.

In jedem Fall handelt es sich bei beiden um ziemlich subtile Statussymbole: Eine 185-teilige silberne Menügarnitur aus Berkings Haus kostet 27 000 Euro – doch man muss sie schon umdrehen, um am Prägestempel den Wert zu erkennen. Ansonsten sieht sie genauso aus wie das versilberte Besteck bei Karstadt. Berking ist sich sicher: »Unsere Produkte werden nicht von Angebern gekauft, sondern von Überzeugungstätern.«

Ebenso wenig zum Angeben taugt die *Sphinx*. Sicher, die Schönheit dieses Holzbootes erkennt auch der nautische Laie – das rötlich glänzende Mahagoni der Decksplanken, die chromblitzenden Winschen, die ranken Linien des nachtblau lackierten Rumpfes. Doch die rund 15 000 Arbeitsstunden und damit vielen Hunderttausend Euro, die in die Sanierung dieses Bootes geflossen sind, sie bleiben unsichtbar.

Fürs gleiche Geld hätte Berking auch eine mindestens ebenso lange, weiß glänzende Motorjacht aus Plastik erhalten, auf der man, anders als auf der *Sphinx,* seine Notdurft nicht in den Putzeimer verrichten muss. Berkings Boot besitzt nämlich auf 20 Meter Länge keine einzige Toilette.

Mit seiner Vorliebe für subtile Statussymbole verkörpert Berking den Prototyp des *etablierten Vermögenden,* den die Sinus-Experten in ihrer Oberschichtstudie als eines von sechs Milieus skizzieren. Und zugleich liefert Berkings ganze Lebensführung, die ganze Atmosphäre seines Gartenfestes, einen Beleg für die Thesen des französischen Soziologen Pierre Bourdieu.

Bourdieu postulierte 1979 in seinem Hauptwerk *Die feinen Unterschiede. Kritik der gesellschaftlichen Urteilskraft:* In entwickelten Industriestaaten wie Deutschland oder Frankreich sei die Oberschicht vom Rest der Gesellschaft zwar nicht mehr durch rechtliche Privilegien getrennt, aber mindestens ebenso wirksam durch Unterschiede in Lebenseinstellung und Verhalten, an denen Mitglieder der Oberschicht sich gegenseitig erkennen. »Habitus« hat Bourdieu diese Unterschiede getauft. Zum Wesen des Habitus gehört es, dass er in wesentlichen Teilen unbewusst bleibt und durch die soziale Herkunft bestimmt wird.

Eines der wichtigsten Kennzeichen des Oberschichthabitus laut Bourdieu: Die Fähigkeit, den gesellschaftlichen Komment so gut zu kennen, dass man ganz entspannt gegen ihn verstoßen kann. In der Windjacke zur edlen Gartenparty zu erscheinen, das ist solch ein gelassener Verstoß, der dem wohlhabenden Firmenerben gelingt – nicht aber dem erfolgshungrigen Bankberater.

Am Beispiel der deutschen Millionäre und ihrer schwimmenden Untersätze wird besonders deutlich, was Bourdieu mit seinen feinen Unterschieden meint. Gerade weil die eigene Jacht ab einer gewissen Größe ein Statussymbol verkörpert, das nur der Oberschicht offensteht, hat sich in diesem Bereich ein ganzer Kosmos von Differenzierungen herausgebildet, mit dem sich Millionäre auf dem Wasser untereinander und vom Rest der Gesellschaft abgrenzen.

Schon Berkings Hochzeitsreise bestand aus einem Segeltörn auf der Ostsee, schon vor dem Abitur besaß er sein erstes Holzboot. Logisch, dass so einer den Oldtimer-Jachten treu bleibt. Doch wer weiß, wäre Berkings seglerische Biografie anders verlaufen, würde man ihn möglicherweise nicht bei seiner eigenen Holzboot-WM auf der Flensburger Förde treffen, sondern in Palma de Mallorca.

Gelée Royale

Dort hat der Hamburger Immobilienmagnat Albert Büll gerade ein ganz unerwartetes Problem: Er braucht dringend einen Fernseher. Seit 30 Minuten läuft bereits das Weltmeisterschafts-Fußballspiel Deutschland gegen Ghana. Doch die beiden riesigen Flachbildschirme, die der Regattaveranstalter in dem strahlend weißen Partypavillon am Steg aufgestellt hat, zeigen hartnäckig: »no signal«. Ebenso wenig wie vom Fußballspiel ist von jenem Elektriker zu sehen, der schon seit einer Stunde in zehn Minuten da sein soll, um sich des Problems anzunehmen. Immer wieder kredenzen die weiß livrierten Kellner Kir royals und mallorquinische Häppchen. Doch sie können nicht verhindern, dass die Stimmung der deutschen Gäste, die sich in den weißen Sofagarnituren rund um den Fernseher lümmeln, im Minutentakt sinkt.

Wir befinden uns auf dem Eröffnungsempfang des *Superyacht Cup*, einer Regattaserie, die abwechselnd in der Karibik und vor Mallorca ausgetragen wird, gesponsert vom Emirat Abu Dhabi. Zugelassen sind nur die größten Segeljachten der Welt. Unter 24 Meter Bootslänge darf hier keiner mitsegeln. Eine Restriktion, die selbst einen Oliver Berking ausschließt und die natürlich fein gewählt ist: Bei 24 Meter endet die EU-Definition von »Sportboot« und knapp darunter auch das Standardangebot von Butter-und-Brot-Werften wie Hanse oder Bavaria. Diese »Sportboot«-Eigner, all die Anwälte und Zahnärzte, will man in Mallorca nicht dabeihaben.

Albert Büll hingegen hat mit der 24-Meter-Regel keine Probleme: Seine *Saudade*, die sich wenige Meter vom kaputten Flachbildschirm entfernt wie ein schlafender Riese am Steg wiegt, misst 45 Meter und dürfte mindestens ebenso viele Millionen Euro gekostet haben. Es handelt sich um ein Boot aus der Wally-Werft, bekannt für die schicksten, schnellsten und teuersten Segeljachten der Welt. Und genauso sieht die *Saudade* auch aus: eine monumentale, schwimmende und sehr moderne Skulptur aus dunkelgrauem Kunststoff.

Und auf 45 Metern Hightech war kein Platz für einen Fernseher?

Doch, natürlich, erwidert Albert Büll, vor allem zur Unterhaltung für die Crew, die permanent an Bord sei. Doch die habe als Vorbereitung für die Regatta morgen die Satellitenempfangsanlage im Mast bereits abgebaut. Und deshalb heißt es auch an Bord der *Saudade:* »no signal«.

Albert Büll, ein Endsechziger mit markanter Nase, dem das lichte weiße Haar lang in den Nacken fällt, hat sein Vermögen mit allerlei Immobilienprojekten gemacht – unter anderem dem *Mercado,* einem Einkaufszentrum am Altonaer Bahnhof. In den 70er-Jahren zählte Büll zu den erfolgreichsten deutschen Hochseeseglern, gewann sogar den britischen *Admiral's Cup,* damals die begehrteste Hochsee-Segeltrophäe der Welt. Heute verbringt er rund 100 Tage pro Jahr auf seiner Jacht, gerade ist er mit seiner Frau Undine aus Sardinien herübergesegelt.

In der Halbzeitpause hält es Büll dann nicht mehr aus: Zusammen mit seinem angestellten Kapitän eilt er an den Security-Leuten vorbei, die den Eingang zum Regattacamp bewachen, hinüber in die nur wenige Hundert Meter entfernte Altstadt von Palma de Mallorca. Der Abend endet in MacGowan's Irish Pub vor einem grieseligen Röhrenbildschirm, eingeklemmt zwischen einem kahl rasierten deutschen Touristen in Nationalmannschafts-Trikot und seiner großzügig blondierten Freundin. Immerhin: Fürs Heineken muss Büll nicht selbst an der Bar anstehen. Das erledigt in vorauseilendem Gehorsam sein Kapitän.

Bülls 45-Meter-Jacht markiert dabei noch nicht einmal die Spitze deutscher Oberschicht-Seegeltung. Die verkörpert der deutsche Milliardär Reinhold Würth. Aus kleinsten Anfängen hat Würth die Schraubenhandlung seines Vaters zu einem Konzern mit 58 000 Mitarbeitern in 80 Ländern gemacht. In unzähligen Fabriken rund um den Globus sorgen

Mitarbeiter von Würth dafür, dass an jedem Fließband stets die richtigen Schrauben in der richtigen Menge verfügbar sind.

Das Herzstück von Würths Imperium bildet ein Außendienst, den Würth trotz seiner mittlerweile 76 Jahre persönlich auf Trab hält: »Nachdem Würth weder ein zweites Arbeitsamt noch ein Sozialinstitut ist, bitte ich um Verständnis, dass wir die Zusammenarbeit nur fortsetzen können, wenn Sie ganz kurzfristig und zackig die Zahl der selbst getätigten Aufträge pro Arbeitstag erhöhen«, schrieb er vor einigen Jahren an 100 seiner Verkäufer.

Auch mit der deutschen Justiz hatte Würth schon sein Tänzchen: 2008 akzeptierte er einen Strafbefehl über 3,5 Millionen Euro wegen Steuerhinterziehung, seither gilt er als vorbestraft. Bis heute hält Würth dieses Urteil für schreiendes Unrecht. Eine Meinung, mit der er allerdings ziemlich alleinsteht.

Würth ist sicher kein angenehmer Zeitgenosse. Aber zugleich einer der wenigen echten Selfmade-Milliardäre, die wir in Deutschland haben, geschätztes Familienvermögen: 7 Milliarden Euro. Niemand hat Würth irgendwelchen subtilen Oberschichthabitus in die Wiege gelegt, und das merkt man auch seiner Motorjacht an. Die *Vibrant Curiosity,* 2009 vom Stapel gelassen, besteht aus 85 Metern purem Protz. Mit ihr ist Würth der einzige deutsche Eigner, der es (auf Platz 48) in die Top 50 der weltweit größten Jachten geschafft hat.

Berking, Büll und Würth: drei deutsche Unternehmer, die ihren Oberschichthabitus auf dem Wasser ausleben – und sich dazu ganz unterschiedlicher Gefährte bedienen, mit denen sie wiederum bewusst oder unbewusst signalisieren, wie sie von ihren Mitmenschen wahrgenommen werden wollen.

Zum Bourdieu'schen Oberschichthabitus gehört jedoch noch viel mehr als ein subtiler Geschmack, Kennerschaft in den richtigen Hobbys und die Fähigkeit, auch mal souverän gegen die Regeln des eigenen Standes verstoßen zu können. Der Oberschichthabitus umfasst auch bestimmte Charaktereigenschaften. In der bereits erwähnten Studie *Vermögen in Deutschland* mussten die befragten Millionäre auch Angaben zur Selbsteinschätzung ihres Verhaltens und ihrer Persönlichkeit machen. Dabei handelte es sich um Testfragen, wie sie zum Beispiel auch in Einstellungstests verwendet werden. Die Fragen lassen Rückschlüsse zu auf fünf Charaktereigenschaften, von denen wir anhand einer Vielzahl von Studien wissen, dass sie die Chancen auf beruflichen Erfolg maßgeblich beeinflussen. Bei diesen fünf Eigenschaften handelt es sich um:

1. Neurotizismus: Wer hier starke Ausprägungen aufweist, ist unsicher, macht sich häufig Sorgen und ist leicht aus der Ruhe zu bringen.
2. Extraversion: Extravertierte sind gern unter Menschen, sind heiter und gesprächig.
3. Offenheit: Starke Ausprägungen deuten auf Neugierde, Fantasie und Toleranz; neue Erfahrungen werden geschätzt.
4. Verträglichkeit: Verträgliche Menschen sind harmoniebedürftig, verständnisvoll und hilfsbereit.
5. Gewissenhaftigkeit: steht für Sorgfalt, Zuverlässigkeit und Verantwortungsbewusstsein im eigenen Handeln.

Bei den knapp 500 befragten Reichen stellte sich nun heraus, dass ihre Persönlichkeitsausprägungen bei vier der fünf genannten Charaktereigenschaften deutlich vom Durchschnitt der Bevölkerung abweichen – und zwar genau in jene Richtung, die üblicherweise als förderlich für beruflichen Erfolg angesehen wird.

Melanie Kramer, Soziologin am Lehrstuhl von Professor Lauterbach in Potsdam, hat die Daten ausgewertet und fasst die Charaktermerkmale der Reichen so zusammen: »Sie sind weniger neurotisch, also psychisch und emotional stabiler. Außerdem sind sie häufiger extravertiert, sie sind gesellig und gern unter Menschen. Vermögende sind wesentlich offener für neue Erfahrungen, wissbegierig und tolerant. Dagegen sind sie weniger verträglich und scheuen keine Konflikte.« Lediglich bei der Gewissenhaftigkeit gebe es keinen signifikanten Unterschied zum Durchschnittsdeutschen.[43]

Besonders deutlich fallen diese Charakterunterschiede zur übrigen Bevölkerung bei jenen Reichen aus, die selbst aus der Mittelschicht aufgestiegen sind.[44] Offenbar stimmt das Klischee vom Selfmade-Millionär, der sich mit unerschütterlichem Optimismus (und einer Spur Rücksichtslosigkeit) seinen Weg nach oben bahnt, auf dem Weg dorthin Menschen für sich einnehmen kann und sich auch von Rückschlägen nicht aus der Bahn werfen lässt. Doch auch bei reichen Erben zeigen sich in signifikanter Weise die von Kramer genannten Charakterausprägungen. Diese Oberschichtsprösslinge können nicht aufgrund ihrer Charaktereigenschaften reich geworden sein – sie wurden ja bereits reich geboren. Hier funktioniert der Mechanismus offenbar in umgekehrter Richtung: In einem Oberschicht-Elternhaus aufzuwachsen fördert bestimmte Charaktermerkmale.

Auf den ersten Blick wirkt es befremdlich, dass uns so grundlegende Eigenschaften wie Selbstvertrauen, Offenheit und Durchsetzungsvermögen durch unsere Herkunft mit auf den Weg gegeben werden. Doch ganz so abwegig erscheint diese These bei näherer Betrachtung nicht: Wer am oberen Ende der Gesellschaft aufwächst, erfährt in seiner Jugend ja nicht nur materielle Privilegien. Er wächst auch in einer Umgebung auf, die ihm und seiner Familie Respekt entgegenbringt, bisweilen sogar Unterwürfigkeit. Da fällt es vergleichsweise leicht, sich auf andere Menschen einzulassen. Und wer von klein auf erlebt, dass die Eltern in ihrer Firma selbstverständlich Anweisungen erteilen, die ebenso selbstverständlich befolgt werden, der wird auch im eigenen Leben keine Probleme haben, anderen Menschen Anweisungen zu erteilen.

Gleichzeitig bildet der Wohlstand der eigenen Familie den sichtbarsten Beleg dafür, dass energisch angepackte Vorhaben auch zum gewünschten Ziel führen. Warum sollte man daran zweifeln, dass ein jeder seines Glückes Schmied ist, wenn das in der eigenen Familie so wunderbar funktioniert hat? Zudem fällt es natürlich viel leichter, mutige Entscheidungen für die eigene Biografie zu treffen, wenn man weiß: Wenn es schiefgeht, wird mich die Familie auffangen. Mit solch einem Sicherheitsnetz wird man gerne zum Unternehmer des eigenen Lebens. Und schließlich entsprechen die typischen Eigenschaften der Reichen auch ziemlich genau den Erziehungszielen, die sie für ihre Kinder vorgesehen haben.

Könnte es sein, dass Oberschichtkinder Tag für Tag ihre Dosis vom richtigen Habitus erhalten – so wie Bienenköniginnen ihr Gelée Royale? In jeder Biene stecken ja nicht nur die Anlagen für eine Königin, sondern ebenso die für eine Arbeiterin – und zu der wäre die Königin geworden, hätte man ihr statt Gelée Royale nur ordinären Honig zu essen gegeben.[45]

Das sind so die Gedanken, denen ich nachhänge, während ich kurz nach Mitternacht in einem geliehenen VW Golf von Flensburg über die leere A 7 nach Hamburg zurückfahre. Einige Tage später mache ich mich wieder auf den Weg nach Flensburg. Diesmal treffe ich Oliver Berking an seinem Arbeitsplatz.

Gabel, Liebe, Heimat

Vermutlich hat Berking an keinem anderen Ort so viel Lebenszeit verbracht wie in diesem Backsteinbau in einem Flensburger Gewerbegebiet zwischen Baumarkt und Autohaus. Nach Abitur und drei Jahren schnellen Wirtschaftsstudiums an einer Fachschule in Hamburg kam er 1985 in die Firma, als Familienunternehmer in fünfter Generation. Eine Option auf ein anderes Leben hat es für Berking nie gegeben, »aber ich habe es auch nie bereut, dass ich ins Unternehmen eingetreten bin«. Nur dass er nie länger im Ausland gelebt habe, das fände er im Rückblick schade, sagt Berking.

Und so führt er heute das typische Leben eines etablierten Unternehmers: Im Zentrum steht die Familie mit sechs Kindern, die älteste Tochter hat schon Abitur und bediente auf der Gartenparty brav die Gäste.

Den nächstweiteren Kreis um Berkings Leben bildet die Firma: 160 Mitarbeiter fertigen bei Robbe & Berking silbernes Besteck, silbernes Geschirr, silberne Pokale. Selbstverständlich ist man Weltmarktführer in seiner Nische, wie so viele deutsche Mittelständler. An den Verfahren, mit denen hier gearbeitet wird, hat sich in den vergangenen 100 Jahren kaum etwas geändert, manche Lehrberufe sind außerhalb von Berkings Betrieb fast ausgestorben. Stolz präsentiert Berking beim Rundgang durch die Werkshalle zum Beispiel seinen Gürtler: einen noch jungen Mann, der dünne Silberbleche in die Form von Schüsseln biegt, indem er mit seinem ganzen Körpergewicht an den Blechen zerrt. Damit er dabei nicht umfällt, hat er sich mit einem dicken Ledergürtel an der Werkbank festgelascht. Daher der Name seines Gewerbes.

Eine seltsame Vorstellung, dass in dieser archaischen Umgebung jene teuren Bestecke entstehen, mit denen Berking den Kreml ebenso ausgestattet hat wie die neueste Jacht des russischen Oligarchen Roman Abramowitsch (die übrigens noch einmal doppelt so lang ist wie die von Würth). Den überwiegenden Teil seiner Ware vertreibt Robbe & Berking zwar über den Fachhandel, doch dieser Markt stagniert seit Langem. Umsatzzuwächse lassen sich nur mit Großaufträgen erzielen. »Wenn wir hören, dass irgendwo auf der Welt eine neue Luxusjacht oder ein Luxushotel ausgestattet werden, setzen wir uns mit unserem Musterkoffer ins Flugzeug und nix wie hin«, erzählt Berking gut gelaunt.

Den nochmals erweiterten Kreis um die Firma bildet Berkings Heimatstadt Flensburg. Hier engagiert er sich bei den Rotariern, wie die Anstecknadel mit dem kleinen goldenen Zahnrad am Revers seines dunkelblauen Blazers verrät (zu dem Berking übrigens auch heute ganz selbstverständlich Jeans trägt). Ferner in der Industrie- und Handelskammer und in der Arbeitsgemeinschaft Deutsches Schleswig, die sich für den Erhalt der deutschen Sprache und Kultur im Süden Jütlands einsetzt. Als »heimatverbundenen Patrioten« sieht sich Berking selbst, zugleich aber als ziemlich unpolitischen Menschen.

Familie, Firma, Heimat: das sind die drei typischen Sphären, in denen sich das Leben der etablierten Vermögenden abspielt, und die Kurzbeschreibung dieses Sinus-Oberschichtmilieus liest sich wie eine Charakterstudie über Oliver Berking: »Ihr Bild von sich als tatkräftige Leitfiguren ist von pragmatischem Rationalismus geprägt. Machbarkeitsdenken und kalkulierte Risikoübernahme halten sich die Balance.«

Im Privaten gilt: »Die Lebensart etablierter Vermögender ist geprägt von Stilgefühl und Kennerschaft, wobei die gekonnte Verbindung von Tradition und Moderne geschätzt wird.« Etablierte Vermögende sehnen sich nach Harmonie in ihrer Familie, die auch gerne nach außen vorgezeigt wird. Sie engagieren sich besonders stark im Ehrenamt, doch gegen »die sinnlosen Oberflächlichkeiten der Bussi-Gesellschaft« hegen etablierte Vermögende eine tiefe Abneigung. Tief im Inneren sehnen sie sich nach »Einfachheit, Ruhe und Wohlbefinden«. So weit Sinus.

Etwa 15 bis 25 Prozent der deutschen Millionäre zählen zu den etablierten Vermögenden, damit gehört diese Gruppe zu den zahlenmäßig größten Milieus innerhalb der deutschen Oberschicht. Sie umfasst nicht nur traditionsbewusste Fabrikanten wie Berking, sondern auch Topmanager und viele erfolgreiche Freiberufler: Anwälte, Ärzte, Architekten. All diese Menschen eint die Überzeugung, dass Erfolg vor allem das Ergebnis harter Arbeit darstellt. Zugleich akzeptieren sie die gesellschaftliche Verpflichtung, die mit diesem Erfolg einhergeht. Zwar kommen etablierte Vermögende meistens selbst »aus gutem Haus«, Standesdünkel gegenüber weniger gut gestellten Menschen würden sie indes weit von sich weisen. Doch zugleich sorgen die etablierten Vermögenden, ganz im Bourdieu'schen Sinne, mit subtilen Statussymbolen dafür, dass sie sich vom Rest der Bevölkerung (und auch von den übrigen Milieus der Vermögenden) abheben.

3. Vorpommern: Wild und Grund
Die konservativen Vermögenden und das neue Stiftungsfieber

Es geschah auf einer Radtour, es muss Ende der 40er-Jahre gewesen sein. Haymo Rethwisch radelte mit einem Freund durch die Hügel Ostholsteins. Der Knick verwandelte den Feldweg in eine hohle Gasse. Knicks, das sind jene undurchdringlichen Heckenmauern, die Schleswig-Holsteins Bauern seit Jahrhunderten an die Ränder ihrer Felder pflanzen. Ein Schutz für die Saat vor dem Wind, der hier schärfer weht als anderswo.

Plötzlich hörten die beiden Jungs, 10 und 11 Jahre mögen sie alt gewesen sein, den Ruf eines Pirols. Sie stiegen ab und versuchten dem Vogelruf zu folgen. Bald schon fanden sie sich auf dem Bauch wieder, »wie die Indianer« seien sie durchs Heckendickicht gekrochen. Plötzlich standen sie auf einer blumenübersäten Wiese, ein Feenreich verborgen hinter einer Wand aus Sträuchern. Und wieder rief der Pirol.

Heute ist Haymo Rethwisch 73 Jahre alt. Seine blauen Augen glänzen ein wenig wässrig. Er trägt einen schmalen Schnurrbart, einen dunkelblauen Blazer zu grauer Wollhose, und über seine Krawatte hoppeln kleine grüne Häschen.

Rethwisch hält sich selbst für einen zurückhaltenden Menschen, der nicht leicht Vertrauen zu Fremden fasst. Doch wenn er von den Naturerlebnissen seiner Kindheit erzählt, dann ist da plötzlich eine Lücke im Knick, den Rethwisch um sein Herz gepflanzt hat. Überraschend laut imitiert er den Ruf des Pirols, so wie er ihn nach über 60 Jahren in Erinnerung hat.

An den Nachbartischen in der Lobby des Westin Grand Hotels an der Berliner Friedrichstraße schauen ein paar Gäste erstaunt auf.

Anfang der 50er-Jahre, Haymo Rethwisch mochte jetzt 14 sein. Nun trug er schon ein Gewehr auf der Schulter. Es war Nacht, und er hatte sich allein auf Pirsch begeben durch das Jagdrevier seines Vaters. Plötzlich stieg vor ihm eine Nachtschwalbe auf, ein scheuer dunkler Vogel, der mit den Flügeln schlug – Rethwisch klatscht in die Hände – und sein typisches Schnarren erklingen ließ – »rrrrr, rrrr«, macht Rethwisch.

Wieder heben sich an den Nebentischen einige Köpfe.

»Ich war nicht besonders groß und kräftig für mein Alter, und so mitten in der Nacht, da kann man es schon mit der Angst kriegen, trotz Gewehr über der Schulter.«

Während des Krieges schickte Rethwischs Vater den jungen Haymo auf einen Bauernhof nach Mecklenburg, um den Luftangriffen in Hamburg zu entgehen. Hier müssen die ersten Wurzeln gelegt worden sein, nicht nur für seine Liebe zur Natur, sondern auch zur Jagd: »Dass Tiere gejagt, geschlachtet und gegessen werden, gehört für mich zum Landleben dazu.«

Doch bald nach diesen ersten Naturerlebnissen tritt Rethwisch in eine ganz andere Sphäre hinüber: in die Welt der Zahlen und des Konkurrenzkampfes, der Personalentscheidungen und der Direktoriumssitzungen. Rethwischs Vater hatte ein großes Wäscheverleihunternehmen aufgebaut, die Firma Boco. Spätestens seit dem Wirtschaftswunder gehörten in Norddeutschland und später im Ruhrgebiet die weißen Boco-Lieferwagen zum Straßenbild, die frisch gereinigte Blaumänner, Kittel und Schürzen an Fabriken und Großküchen lieferten und im Gegenzug die schmutzigen Klamotten mitnahmen.

1967 starb Haymo Rethwischs Vater, und ebenso wie Besteckfabrikant Berking gab es für Rethwisch keine Alternative: Er übernahm die Führung des Unternehmens, mit gerade mal 29 Jahren. Rethwisch machte seine Sache ordentlich, doch um als Unternehmenslenker glücklich zu werden, fehlten ihm nach eigener Einschätzung zwei wichtige Voraussetzungen: Er war zu empfindlich gegenüber schlechten Nachrichten, er ärgerte sich stets zu sehr, wenn etwas im Unternehmen nicht klappte – was in einem Konzern von der Größe Bocos zwangsläufig ziemlich häufig vorkommt. Zum anderen gab es da immer das andere in Rethwischs Leben, die Liebe zur Natur, zur Jagd, zu den Tieren des Waldes. Eine Leidenschaft, die so gar nichts zu tun hat mit dem Verleih von Kitteln und Schürzen.

Bald hatte Rethwisch sein eigenes Jagdrevier im Norden der Lüneburger Heide. Sensibel registrierte er in den 60er- und 70er-Jahren, wie immer mehr Lebensräume für Wildtiere zerstört wurden, wie die Landschaft zersiedelt wurde und die Knicks seiner Kindheit verschwanden, weil die moderne Landwirtschaft sie nicht mehr zu benötigen glaubte. Gleichzeitig registrierte er fasziniert, wie winzige Veränderungen in der Landschaft ausreichen, damit sich bestimmte Tierarten wieder ansiedeln. »Eigentlich bin ich ja ein konservativer Grüner«, sagt Rethwisch, »aber die Grünen können nichts mit mir anfangen, weil ich reich bin.«

Immer wenn sich Rethwisch seiner Leidenschaft für die Jagd und die Natur widmete, plagte ihn das schlechte Gewissen: Eigentlich sollte er sich doch jetzt um seine Firma kümmern: »Bleib bei einer Sache, das ist meine Devise.« Es dauerte 25 Jahre, bis sich Rethwisch gegen die Firma entschied. 1993 zog er sich aus der Geschäftsführung von Boco zurück, 1998 verkaufte er das Unternehmen an einen Wettbewerber. »Mir war immer klar, dass im Markt für Berufsbekleidung eine Konzentration stattfinden würde«, sagt er. Rethwisch wollte diese Konstellation als Chance nutzen für seine Firma – und für sich.

Erst mit fast 60 Jahren hatte Rethwisch die Kraft, sich von jener unternehmerischen Verantwortung zu befreien, die er stets auch als Last empfunden hat. Nach dem Verkauf von Boco besitzt Rethwisch mehr bares Geld und mehr freie Zeit als jemals zuvor. Er beginnt sein zweites Leben – das als Naturschützer, Stifter und Gutsherr.

Mit der Wiedervereinigung kamen in Ostdeutschland plötzlich gewaltige Landflächen auf den Markt. Meist handelte es sich um ehemalige Gutshöfe, die zwischen 1945 und 1949 von den sowjetischen Besatzungstruppen enteignet worden waren. Rethwisch reizte die Möglichkeit, mit einem Schlag eine solch riesige Fläche Land zu besitzen. Hier bot sich eine Gelegenheit, jene heile Natur wieder auferstehen zu lassen, die er in seiner Kindheit so gern durchstreift hatte. Rethwisch kaufte 2000 Hektar in der Nähe des Dörfchens Gehren, gelegen im hintersten Vorpommern, irgendwo zwischen Neubrandenburg und der polnischen Grenze.

2000 Hektar: Diese Fläche entspricht einem Rechteck von vier mal fünf Kilometern. Ein durchschnittlicher deutscher

Bauernhof in Westdeutschland hat gerade mal 50 Hektar Land. Dichter Wald bedeckt knapp die Hälfte von Rethwischs Anwesen, der Rest ist Ackerland. Auch ein alter Gutshof namens Klepelshagen zählt zu der gewaltigen Besitzung.

Es herrscht schneidender Frost, als ich Rethwisch an einem Januartag auf seinem Gut besuche. Auf der Ostseeautobahn begegnet mir hinter Rostock kaum noch ein Auto. Nur einige Sattelschlepper mit polnischen oder russischen Kennzeichen kriechen in Richtung Grenze. Inmitten dieser schneebedeckten Einsamkeit fällt es nicht schwer, sich in jene Ära vor 100 Jahren zurückzuversetzen, als Deutschland sich noch weit über die Oder hinaus nach Osten erstreckte. Damals war dies das Land der ostelbischen Junker, der adeligen Landbesitzer, die hier noch bis zum Ersten Weltkrieg über ihre Dörfer herrschten und noch bis zum Zweiten Weltkrieg die politischen Geschicke Deutschlands maßgeblich mitbestimmten – meist nicht zum Guten.

Ein versunkenes deutsches Oberschichtmilieu, ausgelöscht durch die Enteignungen der Sowjets, dessen Leben ich mir während der winterlichen Autofahrt vorzustellen versuche. Ich male mir Schlittenfahrten über vereiste Feldwege aus, hinüber zum Nachbargut, wo vielleicht ein üppiges Jagdfest gegeben wird, mit viel Cognac und Prosits auf den Kaiser. Ich stelle mir die Gutsherren vor, hart geworden durch die Erziehung auf Kadettenanstalten. Männer, die gegenüber ihren Pferden vermutlich mehr Mitgefühl empfanden als gegenüber ihren Landarbeitern. Und die Frauen? Die flüchteten sich vielleicht in die Musik, spielten Chopin am alten Flügel im Salon, schrieben Briefe mit blasslila Tinte und sehnten sich nach der nächsten Zugfahrt gen Berlin, wenn der Gatte mal wieder im preußischen Herrenhaus zu tun hatte und man vielleicht Hartmut wiedersehen könnte, den flotten Gardeleutnant … Stille Tage im Klischee.

»Sie haben Ihr Ziel erreicht«, ruft mich die Stimme des Na

vigationssystems in die Realität zurück. Ich stehe vor Rethwischs Gutshof, und als hätte er von meinen Tagträumereien geahnt, tischt er zur Begrüßung ein zweites Frühstück auf, das eines Junkers würdig wäre: eine ausgewogene Auswahl von Blutwurst, Speck, Schinken und Landjägern, alles selbst gejagt oder hausgeschlachtet, abgerundet durch eine homöopathische Dosis Essiggurke. Es schmeckt großartig.

Und dann erst das Gutshaus, in dem Rethwisch mit seiner Frau lebt: Hirschgeweihe in der gefliesten Eingangshalle, ein prachtvolles Treppenhaus, holzgetäfelte Wände, und hinterm Haus geht der Blick über eine Talsenke, aus der sich gerade die letzten Fetzen des Morgennebels trollen. »Tal der Hirsche« hat Rethwisch diese Niederung getauft. Sollte die ARD mal wieder einen Drehort für eine Flucht- und Vertreibungs-Schmonzette mit Maria Furtwängler suchen, dies hier wäre der passende Drehort, um den Trakehnerhengst für den Ritt gen Westen zu satteln.

Einigermaßen verblüfft bin ich allerdings, als Rethwisch mir erzählt: Diese vermeintliche ostelbische Adelsidylle sei gerade mal ein Dutzend Jahre alt. Rethwisch und seine Frau haben das Gutshaus komplett neu bauen lassen. Das alte Hauptgebäude, so Rethwisch, böte längst nicht so einen schönen Blick und läge zudem allzu dicht an den Stallungen.

Auf seinem neuen Gut betreibt Rethwisch ökologischen Landbau, wobei das Tagesgeschäft ein angestellter Verwalter erledigt. Über die üblichen Ökostandards geht Rethwisch dabei weit hinaus: Er will Landwirtschaft so betreiben, dass sich auch Wildtiere wie Hirsche und Wildschweine auf den Ländereien des Gutes wohlfühlen. In der Praxis bedeutet das zum Beispiel, dass die Wildtiere auf den Feldern herumstreifen können, ohne gejagt zu werden. Geschossen wird nur außerhalb einer 300 Hektar großen Wildruhezone. Durch sein Revier holpert Rethwisch im Mercedes-Geländewagen, vor dem Gut steht noch ein Audi A8 für die gelegentlichen Ausflüge nach Berlin.

Rethwischs Frau kümmerte sich derweil darum, dass die Gehrener Dorfkirche restauriert wird und dass man dort erstmals nach vielen Jahren wieder eine anständige Weihnachtsmesse feiert, mit Orgelspieler und freundlicher Unterstützung der Bucerius-Stiftung. Man hat halt noch so seine Verbindungen in Hamburg.

In der Sinus-Systematik zählt Haymo Rethwisch zu den *konservativen Vermögenden*. Für sie zählt vor allem das Bewahren – sei es das Familienvermögen, sei es die Natur, seien es alte Kirchen oder traditionelle Werte, die sie bedroht wähnen. Konservative Vermögende pflegen einen großbürgerlichen Lebensstil und imitieren dabei – wie Rethwisch – bisweilen bewusst oder unbewusst den Adel. Und tatsächlich dürften auch überdurchschnittlich viele Adelige zu diesem Milieu zählen. Konservative Vermögende stehen allem Modischen, allem, was mit Spaßgesellschaft und schnellem Konsum zu tun hat, sehr skeptisch gegenüber. Deshalb fühlt sich dieses Milieu in den Weiten Vorpommerns auch besser aufgehoben als in der Großstadt.

Typisch für die politische Einstellung der konservativen Vermögenden ist eine Mischung aus starkem Elite- und Standesbewusstsein, gepaart mit grün anmutenden Vorstellungen von Nachhaltigkeit. Was häufig dazu führt, dass sich die konservativen Vermögenden in keinem politischen Lager so richtig zu Hause fühlen. Andreas Graf von Bernstorff, Großgrundbesitzer aus dem Wendland, bringt diese Zerrissenheit auf den Punkt, wenn er unter den Ölgemälden seiner Ahnen auf Schloss Gartow sitzt und konstatiert: »Ich sehe mich sonst ja durchaus als Hüter konservativer Werte.« Es sei aber nicht nur seine Aufgabe, familiäre Traditionen zu wahren. »Wir müssen auch im Rahmen unserer Möglichkeiten dafür sorgen, dass nachfolgende Generationen hier gute Lebensbedingungen vorfinden.«[46] Weshalb er ablehnte, als ihm die Betreibergesellschaft des Atommülllagers im nahen Gorleben 36 Millionen Euro für sein Land bot – das Zehnfache des Marktpreises. Mit dieser Prinzipientreue wurden ausgerechnet der 70-jährige Graf und seine Frau Anna zu Symbolfiguren der Antiatombewegung im Wendland.

Bis in die 70er-Jahre hinein bildeten die konservativen Vermögenden auch zahlenmäßig das dominierende Milieu unter Deutschlands Millionären. All die Guttenbergs und Flicks und Hortens, die Wallraff und Engelmann in »Ihr da oben – wir da unten« beschreiben, dürften in dieses Milieu gehört haben. Doch die Generation der Wirtschaftswundertäter ist inzwischen fast ausgestorben. Aber immerhin: Nach wie vor zählen 15 bis 25 Prozent der Millionäre zum Milieu der konservativen Vermögenden, allerdings mit sinkender Tendenz. Es sterben deutlich mehr Angehörige dieses Milieus, als neue hinzukommen. Der gesellschaftliche Wandel hat längst auch die Oberschicht erfasst; wer heute in sie hineinwächst, zählt mit größerer Wahrscheinlichkeit eher zu den etablierten Vermögenden mit ihrer größeren Weltläufigkeit und ihrem Zukunftsoptimismus.

Es passt zum Streben der konservativen Vermögenden nach Dauerhaftigkeit und Nachhaltigkeit, dass Rethwisch seine Öko-Aktivitäten mittlerweile in einer Stiftung gebündelt hat, die seine Ziele auch über den eigenen Tod hinaus verfolgen soll. 45 Millionen Euro aus seinem Vermögen hat Rethwisch in diese *Deutsche Wildtier Stiftung* eingebracht. Aus den Zinserträgen dieses Kapitalstocks finanziert die Stiftung die Experimente mit Wildtieren und Landwirtschaft in Klepelshagen, aber zum Beispiel auch den mit 90 000 Euro dotierten *Forschungspreis* der *Deutschen Wildtier Stiftung* und das *Haus Wildtierland,* ein Jugendgästehaus im Nachbardorf.

Die neuen Stiftungsfürsten

Womit wir bei jener seltsam innigen Beziehung angelangt sind, die Deutschlands Vermögende zu einer nüchternen juristischen Konstruktion unterhalten: der gemeinnützigen Stiftung. Je höher der Kontostand und je fortgeschrittener das Lebensalter, desto unverzichtbarer scheint es in Deutschland, den eigenen Namen oder den der Firma mit einer Stiftung zu verbinden: die Roland Berger Stiftung von Deutschlands prominentestem Unternehmensberater, die Michael Otto Stiftung des gleichnamigen Versandhausunternehmers, die Kühne-Stiftung (von Logistik-Magnat Klaus-Michael Kühne), die Joachim Herz Stiftung (Exeigentümer von Tchibo), die Jacobs Foundation der gleichnamigen Kaffeedynastie, aber auch die Thomas Gottschalk Stiftung oder die Alfred Biolek Stiftung. So gesehen bildet es schon eine angenehm bescheidene Ausnahme, dass Rethwisch seine Stiftung nicht nach sich selbst benannt hat.

Über 18000 Stiftungen gibt es mittlerweile in Deutschland, jedes Jahr kommen etwa 1000 neue hinzu. »Deutschland ist auf dem Weg zum Stifterland«, sagt Wilhelm Krull, Vorstandsvorsitzender des Bundesverbands Deutscher Stiftungen. »In den letzten neun Jahren wurden mehr Stiftungen gegründet als in den 40 Jahren zuvor.«[47]

Das Mindestkapital für eine Stiftung beträgt normalerweise 50000 Euro, wegen des erheblichen Verwaltungsaufwands ergibt eine eigene Stiftung allerdings erst ab deutlich höheren Beträgen so richtig Sinn. Angesichts solch hoher Eintrittsbarrieren kann es nicht verwundern, dass der Stiftungsboom ein typisches Oberschichtphänomen darstellt. Laut einer Umfrage aus dem Jahr 2004 verfügen 80 Prozent der Stifter über ein Privatvermögen von mehr als 250000 Euro. Fast 40 Prozent der Stifter besitzen mehr als 2 Millionen Euro.[48]

Mit anderen Worten: Stiften gehen ist heute das wahre Hobby der Millionäre, weit exklusiver als Golf oder Segeln.

Was allerdings nicht bedeutet, dass Deutschlands Millionäre generell sehr viel freigiebiger wären als der Rest der Bevölkerung. Sicher, drei Viertel der befragten Reichen gaben in der Studie *Vermögen in Deutschland* an, dass sie im vergangenen Jahr Geld gespendet hätten. Ein deutlich höherer Anteil als das eine Drittel aller deutschen Steuerzahler, das Spenden beim Finanzamt geltend macht. Auch die Spendenhöhe wirkt bei den Reichen zunächst eindrucksvoll hoch, sie lag bei durchschnittlich 4500 Euro pro Jahr gegenüber durchschnittlich 107 Euro bei allen Steuerpflichtigen.[49] Die Nichtspender sind hier jeweils mit eingerechnet.

Doch andererseits betrug das Durchschnittsvermögen der im Rahmen von *Vermögen in Deutschland* Befragten auch 2,45 Millionen Euro gegenüber den 88 000 Euro Gesamtvermögen, die der durchschnittliche Deutsche sein Eigen nennen kann.[50] Der Reiche spendet also pro Jahr 0,18 Prozent seines Vermögens, der Durchschnittsdeutsche 0,12 Prozent.[51] Dann wäre noch zu berücksichtigen, dass die Steuerstatistik den Spendenanteil tendenziell unterschätzt. (Wer lässt sich schon vom Verkäufer eines Obdachlosenmagazins oder bei der Kirchenkollekte eine Quittung ausstellen?) Bei einer Befragung besteht hingegen die Neigung, im Sinne der sozialen Wünschbarkeit seine eigene Freigiebigkeit zu überschätzen. Mit anderen Worten: Die deutschen Millionäre sind im Schnitt etwa genauso großzügig oder geizig wie der Rest des Landes.

Der Stifter indes gilt in der Öffentlichkeit als wahre Verkörperung des verantwortungsvollen Vermögenden, der die Grundgesetzforderung nach Sozialbindung des Eigentums mustergültig erfüllt. Einen Eindruck, den die Stifter selbst kräftig nähren. »Wir wollen der Gesellschaft etwas zurückgeben«, ist laut einer Umfrage unter Familienunternehmern das mit Abstand wichtigste Motiv bei der Stiftungsgründung.[52]

Und was sollte an diesem Selbstbild falsch sein? Schließlich verzichtet der Stifter mit der Gründung einer gemeinnützigen Stiftung unwiderruflich auf einen Teil seines Vermögens. Dieses Vermögen wird zum Stiftungskapital, dessen Erhalt fortan die oberste Pflicht der Stiftung darstellt. Der Stifter kommt nicht mehr an das Geld heran. Lediglich die Kapitalerträge des Vermögens dürfen fortan ausgegeben werden, und auch dies nur, um »die Allgemeinheit auf materiellem, geistigem oder sittlichem Gebiet selbstlos zu fördern«, wie es im Gesetzestext heißt.[53]

Wer sollte etwas dagegen haben, wenn Rethwischs Wildtier Stiftung Biotope einrichtet und Forschungspreise vergibt oder wenn die Roland Berger Stiftung sich für Menschenrechte einsetzt?

Doch der unzweifelhaft gute Zweck, den die meisten Stiftungen verfolgen, verstellt bisweilen den Blick darauf, dass Stiftungen zugleich auch eine ganze Reihe von anderen Funktionen erfüllen: Sie dienen als gesellschaftliches Machtinstrument, als Werbekanal der eigenen Firma, als Netzwerk-Plattform der Oberschicht oder schlicht als steuerbegünstigter Weg für Millionäre, um ihren Hobbys oder ihrem Narzissmus zu frönen.

Die Rede ist hier nicht von jenen obskuren ausländischen Stiftungen, wie sie zum Beispiel der ehemalige Vorstandschef der Post, Klaus Zumwinkel, in Liechtenstein unterhalten hat, um dort sein Schwarzgeld zu parken. Auch nicht von den nicht gemeinnützigen Stiftungen in Deutschland, die vor allem dazu dienen, ein Familienunternehmen über den Tod des Gründers zu erhalten. Weder Zumwinkels Stiftung in Liechtenstein noch die nicht gemeinnützigen Stiftungen in Deutschland erheben den Anspruch, irgendjemandem zu dienen außer demjenigen, der sie gründet.

Nein, es geht vor allem um jene 90 Prozent aller deutschen Stiftungen, die das Siegel der Gemeinnützigkeit tragen und erhebliche steuerliche Privilegien genießen. Zuwendungen an diese Stiftungen sind von der Erbschafts- und Schenkungssteuer befreit. Seit 2007 können Zuwendungen an Stiftungen bis zur Höhe von einer Million Euro pro Jahr sogar von der Einkommensteuer des Stifters oder Spenders abgesetzt werden. Zuvor hatte die seit 2000 gültige Grenze bei 307 000 Euro gelegen, was dazu geführt hatte, dass auffallend viele Stiftungen mit einem krummen Anfangskapital von exakt 307 000 Euro ausgestattet wurden.[54] Stifter mögen großzügig sein – aber noch lieber sparen sie offenbar Steuern.

In jedem Fall steuerbefreit sind auch die Zinserträge, die den Stiftungen aus ihrem Kapitalstock zufließen. Rund 100 Milliarden Euro liegen in Deutschland bereits in Stiftungen. Dem Staat entgehen durch die Steuerprivilegien für Stiftungen Jahr für Jahr Einnahmen in Milliardenhöhe. Dabei handelt es sich nicht etwa um einen Betriebsunfall des Steuerrechts. Im Gegenteil, gerade in den letzten Jahren wurden die gesetzlichen Möglichkeiten, Stiftungen unversteuertes Kapital zukommen zu lassen, mehrfach ausgeweitet. Was wiederum den Stiftungsboom der letzten Dekade überhaupt erst ausgelöst hat.

Die im Prinzip durchaus schlüssige politische Überlegung dahinter: Für jeden Euro Steuern, den der Staat den Stiftern erlässt, erhält die Gesellschaft ein Vielfaches dieser Summe zurück – schließlich müssen die Stiftungen ihr Geld ja für selbstlose Zwecke ausgeben.

Doch im Austausch für das zusätzliche Geld gibt der Staat auch etwas aus der Hand, das im politischen Geschäft mindestens ebenso wichtig ist: Macht. Regierungen und Parlamente verlieren jeden Einfluss darauf, für welche gemeinnützigen Zwecke Stiftungen ihr Geld ausgeben – denn diese

Entscheidung liegt allein im Ermessen des Stifters oder der von ihm eingesetzten Gremien.

Ich persönlich finde die Ziele von Rethwischs Ökostiftung ja ganz sympathisch. Aber wer weiß, vielleicht haben die Bürger von Vorpommern, dem Armenhaus Deutschlands, ganz andere Prioritäten, als Hirsch und Wildschwein ein Zuhause zu schaffen? Die mageren Wahlergebnisse der Grünen in Mecklenburg-Vorpommern deuten darauf hin, dass ökologische Probleme in den Augen der Bevölkerung nicht ganz oben auf der Prioritätenliste stehen.

So gesehen bedeutet der Vormarsch der Stiftungen ein Stück Entdemokratisierung: Die Bürger lassen sich eines ihrer vornehmsten Rechte abkaufen, nämlich gemeinschaftlich (organisiert über Parteien und Parlamente) darüber zu befinden, wofür der Staat sein Geld ausgibt.

Auch diese Entdemokratisierung stellt keinen Betriebsunfall dar. Es ist erklärter Wille der Politik, dass Stiftungen abseits demokratischer Entscheidungsprozesse Geld verteilen und Projekte starten. Auf diese Weise sollen sie unbürokratisch helfen, wo staatliche Institutionen mit ihren rechtlichen Zwängen zu unflexibel sind; sollen als »Trüffelschweine« fungieren, die sich um Themen kümmern und Methoden erproben, die die Politik noch nicht für sich entdeckt hat.

Vieltausendfach erfüllen gemeinnützige Stiftungen auch genau diese Funktionen – zum Wohle der Gesellschaft. Doch zugleich verschafft das deutsche Stiftungsrecht den Vermögenden ein Privileg, das Normalverdienern verschlossen bleibt: Anstatt schnöde Steuern zu zahlen, können die Reichen als Hausherr in der eigenen Stiftung wie absolutistische Fürsten selbst bestimmen, wem sie Gutes tun und wem sie es verweigern. Außer dem Finanzamt müssen Stiftungen niemandem Rechenschaft über ihre Aktivitäten ablegen. Im Gegensatz zu Wirtschaftsunternehmen gilt für Stiftungen keinerlei Publizitätspflicht – obwohl manche Stiftungen die

Mitarbeiterzahlen und Budgets von Konzernen erreichen. Und während in großen Aktiengesellschaften die Hälfte der Aufsichtsratsmandate von den Mitarbeitern besetzt wird, entscheidet in Stiftungen allein der Stifter, ob und mit wem er seine Macht teilt.

Gerade jener Machtvorsprung reizt die Stifter. »Diese Menschen wollen frei und selbst entscheiden, ob sie spenden, wofür und wie viel. Sie versuchen ihre Omnipotenz aus der unternehmerischen Stellung auf eine Art klassisches Mäzenatentum zu übertragen«, sagt Peter Krämer. Der schwerreiche Hamburger Reeder ist selbst Stifter und zugleich so etwas wie das Enfant terrible der deutschen Oberschicht: Krämer fordert öffentlich höhere Steuern für Reiche – inklusive sich selbst.[55]

Klaus Tschira, milliardenschwerer Mitgründer des Software-Konzerns SAP, gibt offen zu, dass er sein Geld auch deshalb stiftet, weil er dem Staat nicht traut: »Woher soll ich denn wissen, was damit passiert? Im Zweifelsfall werden dann irgendwelche Hilfspakete nach Kathmandu durch die Luft gejagt, das schafft zwar ein paar Arbeitsplätze in Deutschland, aber sonst ist es nicht besonders attraktiv.«[56] Tschira hat entschieden, dass er mit seinem Geld lieber Naturwissenschaft und Denkmalschutz in Deutschland fördert.

Eine Priorität, die die Menschen in Kathmandu vermutlich anders setzen würden.

Viele Spender betrachteten ihr Engagement als Spielwiese, beklagt Reeder Krämer: »Der eine baut eine Treppe für die Oper, der andere einen Konzertsaal, der dritte schwärmt für die Hamburger Uni und baut eine Bibliothek. Selten steckt eine Überlegung dahinter, wohin ich eigentlich will. Das kommt mir mehr so vor, als würde ich einem lobenswerten Hobby frönen.«[57]

Wie sehr Stifter die Möglichkeit schätzen, über die Vergabe ihres Stiftungskapitals persönlich zu wachen, zeigt sich auch an der Organisationsstruktur der deutschen Stiftungen: In 84 Prozent von ihnen wirkt der Stifter selbst mit, in 12 Prozent besteht der Stiftungsvorstand gar allein aus ihm. Eine Studie der Bertelsmann Stiftung konstatiert: In vielen Stiftungen herrsche ein »monarchisches Prinzip«, nur selten gebe es demokratische Kontrolle. Lediglich in einem Fünftel aller Stiftungsgremien seien Fachleute vertreten, und bei der Auswahl von Mitarbeitern seien Vertrauen und persönliche Bekanntschaft mit dem Stifter oftmals wichtiger als Expertise.[58]

Dass es auch besser geht, zeigt das Beispiel des US-Milliardärs Warren Buffett. Er galt als der zweitreichste Mann der Welt, bis er 2006 beschloss, den Großteil seines Vermögens in eine Stiftung einzubringen. Doch er gründete diese Stiftung nicht etwa selbst, sondern übergab seine Milliarden einfach der bereits existierenden Stiftung von Microsoft-Gründer Bill Gates und dessen Frau Melinda. Buffett verzichtete weitgehend darauf, über die Verwendung des Geldes mitzubestimmen. »Ich bin ziemlich gut darin, Geld zu verdienen«, sagte er zur Begründung, »aber ich glaube, andere sind wesentlich besser darin, es auszugeben.«

Solche Selbstbeschränkung bildet unter deutschen Stiftern die Ausnahme – auch deshalb, weil Stiftungen neben ihrer vordergründigen gemeinnützigen Funktion als Begegnungsstätte der deutschen Oberschicht dienen. Längst ist es zum neuen Bessere-Gesellschafts-Spiel geworden, sich in der eigenen Stiftung mit möglichst prominenten Kuratoriumsmitgliedern zu schmücken, sich gegenseitig als Juror zu benennen für die von den Stiftungen so zahlreich vergebenen Preise oder als Keynote-Speaker für ebenfalls sehr gern veranstaltete Stiftungssymposien. So sitzt die in diesem Buch schon häufiger erwähnte Burda-Gattin Maria Furtwängler in der Jury des Menschenwürdepreises, den die Roland Berger Stiftung vergibt. Und unter den Mitarbeitern der Bertelsmann Stiftung kursieren viele böse Geschichten darüber, wie

94

wichtig es für die eigene Karriere sein kann, die Stiftungs-
herrin Liz Mohn im Beisein möglichst vieler Fotografen mit
möglichst prominenten Zeitgenossen zusammenzubringen.
Und wer mag an Zufall glauben, wenn die Deutsche Stiftung Musikleben unter der Leitung von Verlegergattin Irene
Schulte-Hillen ihre traditionellen Sommerkonzerte ausgerechnet in der Kirche von Keitum auf Sylt veranstaltet?

In Berlin-Neukölln oder Essen-Katernberg herrscht vermutlich ein deutlich größeres Defizit an öffentlich geförder-
ter Kultur als ausgerechnet in einem Sylter Schickeria-Dorf
während der Hochsaison. Doch in Neukölln oder Katern-
berg kämen womöglich die falschen Gäste.

»Die meisten engagieren sich am Ende doch für sich
selbst«, sagt Unternehmensberater und Stifter Roland Berger
und ergänzt mit der milden Ironie des Münchners: Bei ihm
selbst, da läge der Fall anders.[59]

Das Verkehren in geschlossenen Netzwerken zählt laut
Sinus-Studie ohnehin zu den generellen Kennzeichen der
deutschen Oberschicht. Der Stiftungsboom schafft für diese
Vorliebe ein neues Forum. Was früher die gegenseitigen Ein-
ladungen zum Jagdfest oder zum Sommerball unter Adeligen, das sind für das Großbürgertum von heute die Einla-
dungen zu den Fachtagungen und Benefiz-Veranstaltungen
der Stiftungen. Solche Treffen eignen sich hervorragend, um
im vorselektierten Kreis geschäftliche Kontakte anzubahnen,
politische Lobbyarbeit zu betreiben und sich des eigenen gesellschaftlichen Stellenwerts zu versichern.

Die gemeinnützige Stiftung Familienunternehmen, finanziert durch namhafte deutsche Unternehmernehmerdynas-
tien, hat es zum Beispiel 2008 geschafft, durch ihre Kampa-
gne die Erbschaftssteuerbefreiung für Familienunternehmer
deutlich auszuweiten. Wobei, schöne Ironie, das Trommeln
für die Steuerbefreiung ebenfalls steuerbefreit erfolgte.

Wichtigstes Forum für die Stiftungsarbeit: der alljährliche *Tag des deutschen Familienunternehmens* im Berliner Adlon-Hotel, bei dem regelmäßig auch die Bundeskanzlerin zu Gast ist.

Nicht nur Stiftungen suchen die Nähe zu Politikern, auch Politiker wissen sich der Stiftungen zu bedienen: Mithilfe von Stiftungsmitteln können Politiker Projekte finanzieren, die im regulären Etat nicht mehr unterzubringen waren – und beim Wähler und in den Medien den Ruhm dafür einheimsen. Stiftungen inszenieren Ereignisse, bei denen Politiker auftreten und so im positiven Kontext in die Medien gelangen. Im Großen mag das der Auftritt der Kanzlerin beim *Tag des deutschen Familienunternehmens* sein, im Kleinen die neue Spielplatzschaukel, die eine Stiftung im Beisein des Bürgermeisters aufstellt, mit schönem Foto in der Lokalpresse am nächsten Tag.

Apropos: Auch Medien profitieren natürlich von Stiftungen. Journalisten lassen sich von Stiftungen »Exklusivstudien« erstellen, nutzen Stiftungstagungen, um prominente Interviewpartner zu treffen, verdingen sich auf solchen Tagungen als Moderator von Podiumsdiskussionen oder als Conferencier beim abendlichen Festdiner.[60]

Da Stiftungen öffentlich nicht Rechenschaft über ihre Arbeit ablegen müssen, wird kaum hinterfragt, wie effizient sie wirtschaften. Das Finanzamt interessiert sich lediglich dafür, ob die Stiftung ihr Geld tatsächlich für den in der Satzung festgelegten Zweck ausgibt. Ob mit diesen Ausgaben das gewünschte Ziel auch erreicht wird, interessiert das Finanzamt nicht und lässt sich für Außenstehende kaum nachvollziehen – es sei denn, die Stiftungen veröffentlichen solche Angaben freiwillig.

Sicher, bei vielen gemeinnützigen Aktivitäten lässt sich der Nutzen nur schwer in Euro und Cent ausdrücken. Aber was soll man davon halten, wenn die Madeleine Schickedanz-KinderKrebs-Stiftung der ehemaligen KarstadtQuelle-Eigentümerin zeitweilig die Hälfte ihrer Einnahmen für Werbebriefe ausgegeben hat, um neue Spenden einzuwerben? Das Deutsche Zentralinstitut für soziale Fragen in Berlin hält einen Anteil von 35 Prozent Werbe- und Verwaltungsaufwand für »maximal vertretbar«, als »angemessen« gelten 20 Prozent.[61]

Wo wir gerade bei KarstadtQuelle sind: Um ein schlecht geführtes Unternehmen muss man sich in einer Marktwirtschaft keine großen Sorgen machen – es sei denn, man hat das Pech, zu den Mitarbeitern, Aktionären oder Lieferanten dieses Unternehmens zu zählen. Das schlecht geführte Unternehmen geht irgendwann pleite und macht Platz für ein besseres. »Marktbereinigungsfunktion« nennen Volkswirte diesen Vorgang etwas kaltherzig.

Stiftungen hingegen können noch so schlecht geführt sein – sofern sie nicht ihr gesamtes Vermögen mit Karstadt-Quelle-Aktien oder Lehman-Zertifikaten verzocken, werden sie niemals pleitegehen. Stiftungen leben theoretisch ewig, unabhängig davon, ob sie mit ihrem Geld tatsächlich Positives bewirken oder nicht. Die älteste in Deutschland noch existierende Stiftung, die Hospital-Stiftung in Wemding, kann ihre Ursprünge bis aufs Jahr 950 zurückführen.

Fazit: Über Stiftungen wird Macht ausgeübt. Macht, die nahezu ausschließlich in den Händen der Oberschicht liegt, sich demokratischer Kontrolle weitgehend entzieht und anders als in privaten Unternehmen auch durch Management-Fehlleistungen nicht verloren geht.

Aber was sollte die Schlussfolgerung sein? Alle Stiftungen verbieten, so wie es bis 1983 in Frankreich der Fall war? Alle Steuerprivilegien streichen? Sicher nicht. Die meisten Stiftungen bewirken ja tatsächlich viel Gutes – effektiver, als es der Staat im Einzelfall könnte.

Es wäre schon hilfreich, eine Forderung umzusetzen, die der Münchner Autor und Unternehmensberater Robert Jacobi erhebt, einer der wenigen, die sich kritisch mit dem deutschen Stiftungswesen auseinandersetzen. Stiftungs-akteure müssten laut Jacobi nicht nur darüber Rechenschaft ablegen, was sie tun und welche Mittel sie dazu einsetzen, sondern auch, wie erfolgreich ihr Wirken sei. Denn: »Der Steuervorteil lässt sich gesamtgesellschaftlich nur recht-fertigen, wenn die entsprechenden Mittel effizienter ein-gesetzt werden, als es aus der Staatskasse heraus der Fall wäre.«[62] Deshalb fordert Jacobi eine Publizitätspflicht für Stiftungen. Auf Grundlage dieser Publizitätspflicht könnten Medien und Bürger sich dann mit den Erfolgen und Miss-erfolgen einzelner Stiftungen ebenso kritisch auseinander-setzen, wie sie es heute mit Unternehmen oder politischen Parteien tun. Auch das wäre bereits eine Form demokrati-scher Kontrolle.

4. Brandenburg: Aber Sie finden mich jetzt nicht prollig, oder?
Die statusorientierten Vermögenden und die absonderlichen Gesetze der Luxusbranche

Ach, die Sache mit dem Klo! Das Badezimmer von Oliver Enderleins neuer Villa liegt in einem achteckigen Turm-zimmer, und passend dazu sollte auch die Toilette achteckig sein. Nicht einfach zu finden, so ein Sanitärmöbel. Und dann erst die Fliesen! Fast alles bei Enderlein daheim strahlt in Hellbeige (»Das steht für Sauberkeit«). Der Teppichboden, die Polstermöbel, alles beige, und den gleichen Farbton mussten nun auch die Badezimmerfliesen aufweisen. Lei-der gab es solche Fliesen nur von Versace und ließen zusam-men mit dem achteckigen Abort den Preis für Enderleins Nasszelle auf (»Na, schätzen Sie mal!«) 60 000 Euro steigen. Dafür kann der (natürlich achteckige) Whirlpool das Wasser aber immerhin in verschiedenen Bonbonfarben leuchten lassen.

Als ich Enderlein im Sommer 2008 in seinem neuen Haus besuche, einige Kilometer östlich des Berlin umschließenden Autobahnrings gelegen, hat es der damals 23-jährige semmelblonde Bengel längst zur Boulevard-Berühmtheit gebracht. »Ich bin Millionär, wer will meine Frau werden?«, ließ er via *Bild* fragen. O-Ton: »Still und leer ist es in der 350-Quadratmeter-Villa in Märkisch-Oderland zwischen Strausberg und Berlin. Ganz allein liegt Oliver in seinem Doppelbett. Allein steigt er in den Whirlpool im Turmzimmer. Und allein sitzt er am Frühstückstisch.«[63]

Auch in der RTL-*Explosiv*-Reihe *Millionär sucht Frau* fahndete Enderlein nach einer Gefährtin – vergeblich. Doch seine Auftritte führten immerhin dazu, dass Enderlein stets einen Stapel mit Autogrammkarten mit sich führte. »Früher habe ich mich ja mal als Darsteller bei *Gute Zeiten, schlechte Zeiten* beworben«, erzählt mir Enderlein. »Aber die wollten mich nicht. Die Erfahrung hole ich jetzt nach.«

In seiner ersten Rolle gab Enderlein die Rampensau des Berliner Boulevards, in seiner zweiten den seriösen ostdeutschen Vorzeigeunternehmer. Unzählige Male erzählte er in Interviews und auf den Podien von Mittelstandstagungen seine Erfolgsgeschichte: Wie er als Schüler einen Carport für das Siedlungshäuschen zimmerte, in dem er mit seiner Mutter im Brandenburgischen lebte. Wie er für ein Schulprojekt eine Website gestaltete für einen fiktiven Carport-Konfigurator, mit dem man sich online seine eigene Parkplatzüberdachung zusammenstellen kann. Wie über diese Seite plötzlich höchst reale Bestellungen einzutrudeln begannen, weil Kunden über Suchmaschinen auf seine Website gelangt waren. Wie Oberschüler Enderlein, der sich endlich ein Mofa kaufen wollte (»Ich wollte schon immer viele Dinge haben«), tatsächlich anfing, Carports zu verkaufen.

Wenige Jahre später hatte Enderlein nach eigenen Angaben 70 Mitarbeiter, machte einige Millionen Euro Umsatz und ordentlich Gewinn. Die Kunden konnten ihren Carport im Internet selbst entwerfen, aus vorgegebenen Holzsorten und Gestaltungselementen. Nach der Bestellung ließ Enderlein die Balken dann in seiner kleinen Fabrik bei Strausberg von Industrierobotern zuschneiden. Den Aufbau vor Ort besorgten Franchisenehmer, meist kleine Zimmereien, die sich durch Enderlein ein unkompliziertes Zubrot erhofften. »Dacapo« nannte Enderlein dieses System.

Ein pfiffiges und zugleich solides Geschäftsmodell, so schien es. Cyberspace trifft Handwerkstradition. Politik und Medien lieben solche Unternehmen. Enderlein wird ausgezeichnet als »Mutmacher der Nation«, mit dem »Großen Preis des Mittelstands«, erhält Fördermittel der Investitionsbank des Landes Brandenburg. »Von solchen Unternehmern wie Oliver Enderlein könnten wir noch mehr im Land brauchen«, lobte Ministerpräsident Matthias Platzeck. Niemand störte sich damals daran, dass Enderlein etwas … nun ja, exzentrisch erschien. Stundenlang kaute er an Holzspänen herum. Wenn er erst 30 Holzsorten am Geschmack erkennen könne, ließ er wissen, wolle er sich damit bei *Wetten, dass..?* bewerben, und immerhin: »Zu 80 Prozent bin ich schon treffsicher.«

Mit Enderleins geleastem Audi A8 legen wir die paar Kilometer zwischen seiner Villa und seiner Fabrik zurück. Die Fahrt dauert nur wenige Minuten, aber die reichen aus, damit mir Enderlein erklären kann:

1. Dass es sich um die gleiche A8-Langversion handele, die auch Angela Merkel fahre.
2. Dass der Fernseher im Armaturenbrett auch während der Fahrt funktioniere.
3. Dass er normalerweise natürlich mit Chauffeur unterwegs sei.

4. Dass Dacapo schon einmal einen hölzernen Mülltonnenunterstand für die Villa von Wolfgang Joop bauen durfte.
5. Dass er kaum noch mit den Freunden aus seiner Schulzeit zu tun habe, die könnten mit seinem Erfolg schlecht umgehen.
6. Dass er jetzt meist mit seinem neuen besten Freund, dem Chef eines Berliner Finanzvertriebs, um die Häuser ziehe, am liebsten ins »Felix«, den Nachtklub im Hotel Adlon.

Am Ende der Fahrt sieht mich Enderlein, gegelter Blondschopf, Dacapo-Firmenlogo auf dem Hemdkragen, Berliner Schnauze, mit großen Augen an und fragt: »Aber Sie finden mich jetzt nicht … prollig, oder?«

»Na ja …«

»Nee, also jetzt mal ehrlich!«

Ich habe mich damals um eine Antwort irgendwie herumgedrückt. Sicher, Enderlein trug ziemlich dick auf mit seiner Villa, seinem Auto und seiner Firma, und ich hoffe auch, dass mich mein Arbeitgeber niemals zwingen wird, mit einem Firmenlogo auf dem Hemdkragen herumzulaufen. Doch Enderlein strahlte zugleich eine so kindliche Begeisterung über seinen Erfolg aus, dass ich ihm seine Angebereien nicht besonders übel nehmen konnte. Wenigstens verstellt er sich nicht, dachte ich mir. Er leistet sich von seinem Geld genau jene Dinge, von denen Millionen Deutsche träumen: ein Auto, so dick wie das von der Kanzlerin. Eine Villa, so groß wie die vom Joop. Abends zum Autogrammkarten-Verteilen in die Nobeldisco, so wie der Bohlen. Und einmal im Leben zu *Wetten, dass..?*

Sicher, Besteckfabrikant Oliver Berking war mir sympathisch gewesen, wegen seiner Gelassenheit, seiner Bescheidenheit, seines guten Geschmacks. Enderlein verkörperte von alldem das genaue Gegenteil, Bourdieu hätte er vermutlich für eine Champagnersorte gehalten. Aber verflixt noch mal, der Junge stammt ja auch nicht in fünfter Generation aus einer Silberbesteckdynastie. Enderleins Mutter war bei der Bahn. Wenn man sich alles selbst aufbauen muss, bleibt eben wenig Zeit, um auf die feinen Unterschiede zu achten.

Wenige Monate nach unserem Gespräch war Enderlein dann plötzlich weg. Tauchte nicht mehr in seiner Firma auf, nicht mehr in seiner Villa. War telefonisch weder für seine Mitarbeiter erreichbar noch für die *Bildzeitung* oder RTL. Und je länger seine Abwesenheit währte, desto mehr Merkwürdigkeiten kamen über Enderlein ans Licht.

Es stellte sich heraus, dass Enderlein Dacapo verkauft hatte, als neuer Geschäftsführer wurde Anfang 2009 ein Unternehmer aus Klagenfurt im Handelsregister eingetragen. Der meldete bereits wenige Tage später für die Firma Insolvenz an.[64]

Für den Berliner Rechtsanwalt Martin Wormit klingt das nach einer altbekannten Masche: Kurz vor der drohenden Pleite heuert man einen sogenannten Firmenbestatter an, der meist im Ausland wohnt, »denn dann laufen Insolvenzantragsverfahren in aller Regel ins Leere: Der letzte inländische Geschäftsführer gibt keine relevanten Auskünfte mehr und behauptet zumeist, dass sämtliche Unterlagen dem neuen Geschäftsführer übergeben worden seien. Letzterer wiederum wird sich regelmäßig jeder Auskunftserteilung enthalten.«[65] Auf diese Weise wollen Unternehmer meist Unregelmäßigkeiten vertuschen: einen verspäteten Insolvenzantrag oder die Tatsache, dass sie in letzter Minute Firmenvermögen entnommen und in ihren Privatbesitz überführt haben. Mitte April 2010 erhebt die Staatsanwaltschaft Anklage gegen Oliver Enderlein wegen Betrugs und Insolvenzverschleppung.[66] Im Januar 2011 wurde Enderlein zu einem Jahr und neun Monaten auf Bewährung verurteilt.

Enderlein arbeitet nun bei einem anderen Carport-Unternehmen, für ein Gespräch steht er nicht mehr zur Verfügung.

Wie auch immer der Prozess ausgeht: äußerst fraglich, ob Enderlein danach noch zu den Reichen gezählt werden kann. Zahlreiche Dacapo-Gläubiger haben bereits Schadensersatzforderungen gegen ihn gestellt und versuchen, an sein Privatvermögen heranzukommen – sofern er noch welches hat.

Doch selbst als Enderlein noch nicht Pleite gemacht hatte, stand er bereits für jene Kategorie von Millionären, mit denen sich unsere Gesellschaft am schwersten tut: den Neureichen – oder *statusorientierten Vermögenden,* wie sie etwas subtiler in der Sinus-Systematik genannt werden, und deren Selbstverständnis die Sinus-Studie so beschreibt: »Zentraler und absolut prägender Lebensinhalt statusorientierter Vermögender ist der berufliche und soziale Aufstieg.« Das Hocharbeiten in der sozialen Rangordnung gehört für statusorientierte Vermögende zu den zentralen Motiven, »sie möchten ihr Ansehen genießen und investieren auf ihrer ständigen Suche nach Profilierung in Statussymbole und demonstrativen Konsum«.

Doch bei all dieser zur Schau gestellten Freude am eigenen Erfolg schwingt bei statusorientierten Vermögenden immer auch das Unbehagen mit: Genügt man eigentlich den gesellschaftlichen Anforderungen, die der neue Platz in der sozialen Rangordnung an einen stellt? »Untergründig«, so Sinus, »haben sie häufig das Gefühl, von etablierten Vermögenden ebenso wie von Neidern nicht voll anerkannt zu sein. Gleichzeitig hegen sie ein latentes Minderwertigkeitsgefühl gegenüber Intellektuellen.«

Hm, vielleicht sollte ich es als Kompliment sehen, dass Enderlein ausgerechnet mich gefragt hat, ob ich ihn für prollig halte?

Die statusorientierten Vermögenden gehören nach Si-
nus-Schätzungen zu den größten Oberschichtmilieus in
Deutschland und umfassen etwa 20 bis 25 Prozent der reichen Deutschen. Macht also etwa 200 000 Neureiche in
Deutschland. Dass einem die Zahl bisweilen noch viel höher erscheint, mag daran liegen, dass dieses Milieu unzählige Blender anzieht: All die nicht besonders wohlhabenden
Menschen, die durch demonstrativen Konsum den An-
schein erwecken wollen, irgendwie auch zu denen da oben
dazuzugehören. Und selbst bei denen, die es tatsächlich zum
Millionärsstatus schaffen, lässt sich meist eine gewisse Ja-
nusköpfigkeit beobachten, eine auffällige Diskrepanz zwischen Schein und Sein.

So zum Beispiel beim Großbäcker Hermann Bühlbecker,
besser bekannt als Aachener Printenkönig. Die von Bühlbecker kontrollierte Lambertz-Gruppe zählt neben Bahlsen
und Griesson-de Beukelaer zu den drei großen deutschen
Spielern im Geschäft mit Keksen und Weihnachtsgebäck.
Eine Rolle als Marktführer, die Bühlbecker lustvoll inszeniert.

Jedes Jahr wieder bildet die »Lambertz Monday Night«
den gesellschaftlichen Höhepunkt der Kölner Süßwaren-
messe, dem wichtigsten Treffen der Branche. Bei der »Monday Night« trifft sich nicht nur das Who's who des Keksgewer-
bes, sondern auch sonst so ziemlich alles, was im Rheinland
als Prominenz durchgeht: Charity-Lady Ute Ohoven, Schauspieler Mario Adorf, Exaußenminister Hans-Dietrich Gen-
scher, Rennfahrergattin Cora Schumacher, Schnulzensänger
Patrick Lindner. Zu den Attraktionen des Abends gehört es,
wenn sich Lena Gercke (»Germany's Next Topmodel«) mit
4000 Mozartkugeln behängen lässt.

Inmitten der rund 1000 Feiernden: Doktor Hermann
Bühlbecker, Herr der Dolci und des Dolce Vita. Mit seinen
langen grauen Haaren, dem akkurat gestutzten Vollbart und

den fantasievollen Gehröcken, in die er sich zu solchen Anlässen kleidet, wirkt Bühlbecker wie ein geheimnisvoller Gentleman-Abenteurer aus dem 19. Jahrhundert, eine Figur wie aus einem Roman von Jules Verne. Nicht nur auf seiner eigenen Party, auch bei unzähligen anderen gesellschaftlichen Anlässen inszeniert Bühlbecker seinen Auftritt in dieser Form – besonders, wenn Fernsehkameras in der Nähe sind. Bei großen Wohltätigkeits-Galas kauft er sich gerne einen ganzen Tisch, »da kann ich Flagge zeigen und gesellschaftliche Verantwortung«.[67]

Hermann Bühlbecker heißt in Wirklichkeit Kittelberger-Bühlbecker, nennt sich aber niemals so. Den ungeliebten Doppelnamen trägt Bühlbecker, seit er sich als junger Mann von seiner Tante adoptieren ließ, der Mehrheitseigentümerin der Aachener Printenbäckerei Lambertz. Der junge Neffe, so der Wunsch der kinderlosen Tante, sollte den Betrieb übernehmen, und durch die Adoption ließ sich kräftig Erbschaftssteuer sparen.

Mit 26 Jahren übernahm der frisch promovierte Betriebswirt die Führung der Bäckerei, die damals vergleichsweise bescheidene 16 Millionen Mark Umsatz machte. Bühlbecker setzte kompromisslos auf Wachstum. Er nahm Dominosteine und Zimtsterne ins Sortiment auf, begann neben dem Fachhandel auch Supermarktketten zu beliefern. Aldi zählt heute zu den wichtigsten Lambertz-Kunden. Nach und nach übernahm Bühlbecker eine ganze Reihe von anderen Süßwarenherstellern und Großbäckereien. Haeberlein-Metzger, Kinkartz, Lebkuchen Weiss: All diese Marken zählen inzwischen zum Lambertz-Imperium.

Doch als meine Kollegin Ursula Schwarzer und ich im Jahr 2009 einen größeren Artikel über Lambertz für das *manager magazin* recherchierten, stellten wir schnell fest: Hinter der sorgfältig inszenierten Fassade bröckelt es allerorten im Reich des Kekskönigs. Zum Beispiel im Aachener Stammwerk. Auf dem dortigen Parkplatz signalisiert Bühlbeckers Dienstwagen, ein Bentley mit über 500 PS, Dynamik und Wohlstand. Doch im Inneren der Fabrik blättert der Lack von den Treppengeländern, die Stufen sind ausgetreten, ein großer Kasten mit Sicherungen sieht aus, als stamme er noch aus den 50er-Jahren, und manche der Fertigungsstraßen wirken auch nicht viel jünger. Von Reparaturen und Modernisierungen scheint Bühlbecker nicht viel zu halten, seine eigene Frisur und Garderobe pflegt er offenbar sorgfältiger als sein Stammhaus.

Der triste Augenschein trügt nicht. Bühlbecker selbst sagte uns damals, er investiere im Schnitt rund zehn Millionen Euro pro Jahr in seine Anlagen. Bei einem Umsatz von gut 500 Millionen Euro wäre das in Relation deutlich weniger als bei den Wettbewerbern Griesson-de Beukelaer und Bahlsen. Lambertz lebt von der Substanz.

Auch beim alltäglichen Umgang mit Mitarbeitern ist es schnell vorbei mit Bühlbeckers zur Schau gestellter Großzügigkeit. Öffentlichkeitswirksam ließ er zum Beispiel einige junge Männer aus Afghanistan einfliegen, um sie in seinen Fabriken zu Bäckern auszubilden. Doch gleichzeitig betätigte er sich als Lohndrücker: Vielen Saisonkräften, die oft schon seit Jahrzehnten einige Wochen oder Monate pro Jahr bei Lambertz aushelfen, um das Weihnachtsgebäck rechtzeitig zur Adventszeit fertigzustellen, wurde in den vergangenen Jahren das Gehalt gekürzt. Statt des Branchentarifs der Gewerkschaft Nahrung – Genuss – Gaststätten (NGG) galt für sie fortan der wesentlich niedrigere Tarif der Zeitarbeitsbranche. Im Management der Lambertz-Gruppe, berichteten uns mehrere frustrierte Mitarbeiter, herrsche eine Atmosphäre des Misstrauens, der Angst und des Duckmäusertums.[68]

Je näher wir bei der Recherche hingesehen haben, desto mehr ergab sich das Bild eines Unternehmers, dem seine

Firma vor allem als Plattform zur Inszenierung seiner eigenen Person dient. Wobei es Bühlbecker genau umgekehrt sieht: All die Partys und Charity-Galas, die extravaganten Gehröcke und der Bentley dienen in seinen Augen dem Wohl der Firma. Über die Inszenierung der eigenen Person habe er auf preiswerte Weise die Marke Lambertz bekannt gemacht, ganz ohne bezahlte Anzeigen oder Fernsehspots.

Dieses Argument zählt zu den Standardbegründungen statusorientierter Vermögender. Oliver Enderlein betonte ebenfalls gerne, dass seine vielen Fernsehauftritte Gratiswerbung seien und vor allem dazu dienten, Dacapo ins Gespräch zu bringen.

Die eigene Person als Hilfsmittel nutzen, um die Firma bekannt zu machen, oder die Firma als Hilfsmittel nutzen, um die eigene Person bekannt zu machen: In der Praxis schließen sich diese beiden Sichtweisen keineswegs aus. Die Lust an der Inszenierung des gesellschaftlichen Status lässt sich hervorragend als betriebswirtschaftliche Notwendigkeit rationalisieren. Doch es erscheint zugleich ziemlich unwahrscheinlich, dass jemand über Jahre hinweg in auffälligen Luxuslimousinen umherfährt, sich extravagante Garderobe schneidern lässt und sich auf Partys tummelt, ohne dass ihm das alles nicht auch ein ganz klein bisschen Befriedigung verschafft.

Diese Befriedigung liegt in der immerwährenden Rückversicherung über die Stellung der eigenen Person im Gesellschaftsgefüge, denn, wie bereits gesagt: Der Wunsch nach gesellschaftlichem Aufstieg (beziehungsweise die Angst vor gesellschaftlichem Abstieg) bildet den wichtigsten Antrieb von statusorientierten Vermögenden. Eine ganze Industrie hat sich darauf spezialisiert, diese Ängste und Wünsche mit den passenden Produkten zu bedienen.

Die geheimen Gesetze des Luxuskonsums

Wozu dient eine Uhr von Rolex? Wozu dient ein Anzug von Armani? Wozu dient ein Handy von Vertu?

Wenn Sie jetzt antworten: Um möglichst zuverlässig die Zeit anzuzeigen, um korrekt gekleidet zu sein und um zu telefonieren, dann sind Sie vermutlich kein statusorientierter Vermögender – und auch niemand, der nach diesem zweifelhaften Prädikat strebt.

Eine Swatch für 60 Euro zeigt die Zeit genauso exakt und zuverlässig an wie eine Rolex für 6000. Ein Maßanzug von einem guten, aber unbekannten Schneideratelier kostet halb so viel wie die Armani-Kluft von der Stange. Und ginge es allein ums Telefonieren, wäre das Vertu-Handy ein Ladenhüter: Es ist ziemlich klobig, ziemlich schwer und bietet weniger Funktionen als die meisten Mobiltelefone, die es für einen Euro in jeder Fußgängerzone zu kaufen gibt.

Eine Firma wie Rolex kann nur Erfolg haben, weil sie eben nicht in erster Linie Armbanduhren verkauft. Sie verkauft mithilfe von Produktdesign und Marketingstrategie eine genau ausdifferenzierte Aussage über die soziale Stellung, das Selbstbild sowie die Fremdwahrnehmung eines Rolex-Trägers. Diese Aussage geht weit über die schlichte Tatsache hinaus, dass der Träger offenbar genug Geld hat, um sich eine Uhr für einige Tausend Euro zu leisten. Bei einer Rolex kämen als Attribute, mit denen der Träger verbunden werden will, wahrscheinlich hinzu: sportlich, selbstbewusst, energisch, innovativ. Oder so ähnlich.

Ein Unternehmen wie Rolex ist Teil der Luxusindustrie, einer milliardenschweren und rasch wachsenden Branche, die den Großteil ihrer Wertschöpfung mit der Herstellung von Bedeutung erwirtschaftet – und nur den kleineren Teil mit Produkten wie Armbanduhren und Anzügen oder Dienstleistungen wie Hotelübernachtungen und Mahlzeiten.

In seinem Hauptwerk *The Theory of the Leisure Class* beschrieb der US-Soziologe Thorstein Veblen bereits 1899, wie in der US-Oberschicht bestimmte Produkte und Dienstleistungen ihre Funktion veränderten: Lebensmittel wurden nicht mehr in erster Linie gekauft, weil sie gut schmeckten, und Kleidung nicht mehr, weil sie bequem und haltbar war. Feste und Reisen wurden nicht mehr veranstaltet, um sich zu amüsieren, sich zu erholen oder Neues zu erleben. Stattdessen ging es vor allem um die symbolische Wirkung dieser Produkte und Dienstleistungen: Sie sollten vor allem vermitteln, dass der Käufer sie sich leisten kann. »Demonstrativen Konsum« nannte Veblen dieses Verhalten, und hätte es 1899 schon Düsenjets gegeben, hätte Veblen vermutlich auch die erste Klasse im Flugzeug als Beispiel für den demonstrativen Konsum gewählt: Ihr Nutzen besteht gegenüber der deutlich billigeren Business Class eben nicht in erster Linie in mehr Bequemlichkeit, sondern vor allem im hohen Preis, verbunden mit der Tatsache, dass in einem voll besetzten Airbus A380 der Lufthansa 98 Passagiere in der Business Class reisen, aber nur acht in der ersten Klasse.

Die Wirtschaftswissenschaft kennt bis heute den Veblen-Effekt. Während für normale Güter gilt: Je höher der Preis, desto geringer die Nachfrage, verhält es sich bei manchen Luxusprodukten umgekehrt: Die Nachfrage steigt mit dem Preis. Aus Sicht der Konsumenten ein rationales Verhalten, denn sie wollen mit dem Kauf einer bestimmten Armbanduhr ja nicht in erster Linie einen Zeitmesser, sondern ein Statussymbol erwerben. Und der Statuseffekt eines Produkts sinkt natürlich auf null, wenn es sich jeder leisten kann.

Eng verwandt mit dem Veblen-Effekt ist der Snobeffekt, bei dem der Nutzen eines Produkts nicht in erster Linie aus dem hohen Preis resultiert (»Seht her, ich kann mir das leisten«), sondern aus der geringen Verbreitung (»Seht her, ich habe, was kein anderer hat«).

Auch beim Snobeffekt kehren sich die Marktgesetze um. Außerhalb der Luxussphäre erhöht eine möglichst hohe Verbreitung eines Gutes seinen Nutzen: Ein Neuwagen mit einem hohen Marktanteil lässt sich leichter wieder verkaufen, ich finde leichter eine Vertragswerkstatt und komme schneller an Ersatzteile. Im Luxusautosegment gilt hingegen der Snobeffekt, den der ehemalige Porsche-Chef Wendelin Wiedeking einst so verdeutlichte: »Wenn ich mehr als einen Porsche in einer Straße sehe, fange ich an, mir Sorgen zu machen.«

Eine erfolgreiche Luxusmarke muss so bekannt und zugleich so teuer sein, dass sie dem neureichen Käufer als Statusausweis dienen kann. Gleichzeitig müssen zumindest einige der Produkte dieser Marke so selten sein, dass sie ihren Snobeffekt nicht verliert. Und schließlich braucht die Marke auch einige günstigere Einstiegsprodukte, damit all die Möchtegern-Reichen sich mit ihr schmücken können. Deshalb gibt es zum Beispiel bestimmte Handtaschen von Louis Vuitton nur in limitierter Auflage (Snobeffekt), andere wiederum sind so verbreitet, dass sie auf den ersten Blick als sündteure Louis-Vuitton-Taschen zu erkennen sind (Veblen-Effekt), und für alle jene, die keine 5000 Euro für eine Handtasche ausgeben können (aber gerne würden), gibt's Schlüsselanhänger und Parfüm.

Day Tripper, Tagesausflügler, heißen im Jargon der Luxusgüterindustrie all die Möchtegerns, die mit dem Kauf eines Flakons für 40 oder 50 Euro im wahrsten Sinne des Wortes hineinschnuppern in eine Welt, die ihnen sonst verschlossen bleibt. Paradoxerweise lässt sich mit diesen *Day Trippers* viel mehr Geld verdienen als mit den wirklich reichen Kunden: Außer harten Drogen existiert vermutlich kein Produkt, bei dem die Differenz zwischen Herstellungs- und Verkaufspreis so obszön hoch ausfällt wie bei all den Parfüms, Sonnenbrillen, T-Shirts und Schlüsseletuis, die Luxuslabels wie Prada,

Cartier, Louis Vuitton oder Hermès in atemberaubender Geschwindigkeit auf den Markt werfen. Bei Parfüm schätzen Experten diese Marge auf 75 Prozent.[69] Bei dem handgearbeiteten Diamantschmuck hingegen, für den Cartier eigentlich bekannt ist, fallen die Gewinnmargen vergleichsweise niedrig aus. Und die Haute Couture, die faktisch untragbare Mode, die alljährlich in Paris präsentiert wird, bedeutet für die daran beteiligten Luxushäuser sogar ein Verlustgeschäft, das ausschließlich Marketingzwecken dient: Die glamourösen Bilder der Pariser Modeschauen mit ihren in den ersten Reihen platzierten Hollywood-Schauspielerinnen dienen der Erzeugung eines global verbreiteten Traumbildes, das den Parfüm- und Accessoireumsatz steigern hilft.

Ebenso wenig wie Haute-Couture-Modeschauen dazu dienen, die gezeigten Kleider zu verkaufen, dient Werbung, die Luxusgüterhersteller in Zeitungen und Zeitschriften schalten, dem üblichen Ziel – nämlich die Leser zum Kauf der gezeigten Produkte zu animieren.

Im Gegenteil, wie die beiden Luxusmarken-Manager und Unternehmensberater Vincent Bastien und Jean-Noel Kapferer in ihrem Standardwerk *The Luxury Strategy* deutlich machen: »Der Zweck einer Rolex-Werbung besteht nicht darin, Rolex-Uhren zu verkaufen, sondern diejenigen, die die Mittel für eine Rolex-Uhr besitzen, mit der Erkenntnis zu beglücken, dass andere, denen die Mittel fehlen, wissen, was Rolex bedeutet.«[70]

Letztlich, so die These von Kapferer und Bastien, gehe es darum, durch Luxusprodukte und -dienstleistungen jene fein gestufte Rangordnung zurück in die Gesellschaft zu bringen, die mit der Entmachtung des Adels verloren gegangen ist: »Luxus entspricht den goldenen Streifen auf den Ärmeln von Militäruniformen: Sie zeigen den Rang des Trägers und das entsprechende Ausmaß an Ehrerbietung, das ihm gebührt.« In der zivilen Welt würden die Ärmelstreifen der Männer durch Armbanduhren und Autos verkörpert, von denen jeder den Preis und die Bedeutung kenne. Umgekehrt zeigten Handtaschen den kulturellen, beruflichen und finanziellen Status einer Frau. Luxus funktioniere wie ein Zaun: »Er bringt verlorene hierarchische Unterschiede zurück und verleiht ihnen Ausdruck. Luxus ist der Feind der Gleichheit.«[71]

Die Geschichte des Verhältnisses zwischen der Oberschicht und dem Rest der Gesellschaft, zwischen denen da oben und denen da unten, lässt sich materialistisch als eine Geschichte der Verteilungskämpfe betrachten – oder auch psychologisch als eine Geschichte der Statussymbole, mit denen sich verschiedene Oberschichtmilieus einander zu erkennen geben oder voneinander (und vom Rest der Welt) abgrenzen: Sage mir, was du konsumierst, und ich sage dir, wer du bist!

Fünf Gänge, dazu Lautenklänge

Zu Veblens Zeiten war die Welt der Oberschicht noch recht übersichtlich, er unterschied lediglich zwischen dem »alten Geld« und den Neureichen, die dem alten Geldadel vergeblich nachzueifern suchen und von diesem nach Kräften verachtet werden. Und selbst in der Welt des deutschen Wirtschaftswunders, die der *Spiegel*-Reporter Peter Brügge 1966 für seine bereits erwähnte Artikelserie durchstreifte, wirkte die Sozialstruktur der deutschen Oberschicht noch reichlich simpel: Das Gros der bundesdeutschen Reichen wurde von jener neuen Unternehmerkaste gestellt, die in Kriegs- und Nachkriegszeit zu Geld, nicht jedoch zu Geschmack gekommen war.

Dementsprechend uniform ging es zu bei Industriekapitänen wie Schickedanz (Quelle), Grundig oder Jahn (Wienerwald). Man fuhr Mercedes 600 mit Autotelefon. Man baute sich riesige Bungalows, mit versenkbaren Scheiben zum Garten hin, mit Hallenbad, Atombunker und Kellerbar, und richtete sie so kleinbürgerlich-schwülstig ein, wie einem im Herzen noch immer zumute war. Brügge: »Barock herrscht in der Intimsphäre des neuen wie des überkommenen Reichtums vor. Beim Fürther Radiomann Max Grundig repräsentiert es – mit alten Putti und neuen Polsterwülsten – den hohen Standard ebenso wie beim ausgeschiedenen Kasseler Henschel-Halbgott Fritz-Aurel Goergen oder bei der hanseatisch sparsamen Schiffsreederin Elsa Eßberger, bei der die Aubusson-Teppiche unter Plastiküberzügen geschützt liegen.«[72]

Beim gern demonstrierten Kunstsinn setzte sich das Einerlei fort: »Schneelandschaften und Jagdszenen für das Kaminzimmer des neuen Weidmannes, Golfspielers, Gutsherren, die Stillleben und Blumenstücke fürs großbürgerlich gewordene Esszimmer und, als idiotensicheren Nachweis moderner Einstellung, etwas von Picasso und Nolde, einen späten Beckmann.«[73]

Wenn man sich amüsieren wollte, dann ging es meist ähnlich locker zu wie bei jenem literarischen Salon, den die junge Waschmittelmagnatengattin Gabriele Henkel (»Persil«) am 11. Mai 1966 im »nach vielen Frühlingsblumen duftenden grünen Salon« ihres Düsseldorfer Privathauses abhielt: Der katholische Schriftsteller Reinhard Raffalt sprach vor 60 geladenen Gästen zum Thema »Blasphemie«, anschließend gesetztes Abendessen in fünf Gängen. Während des Essens: Live-Lautenmusik der Renaissancezeit.[74]

Kein Wunder, dass erfahrene Oberschicht-Gastgeberinnen damals rieten, während der Hauskonzerte den Zugang zum bereits erwähnten Hallenbad verschlossen zu halten, weil sich die männlichen Gäste sonst ruck, zuck zum Planschen und Biertrinken absentierten.

Gabriele Henkel, eine der reichsten Frauen Deutschlands, begegnete einem übrigens noch in jüngerer Zeit auf Abendveranstaltungen zwischen Rhein, Main und Ruhr. Gab man sich als Journalist zu erkennen, dann drückte sie einem eine übergroße Visitenkarte im Postkartenformat in die Hand und empfahl ihre jüngste Passion zur Berichterstattung: festliche Tischdekorationen, die sie auch als Auftragsarbeit übernimmt.

Der kurze Rückblick auf den Oberschicht-Lebensstil der Wirtschaftswunderzeit zeugt davon, wie vergänglich Statussymbole sein können. Autotelefone haben jede Exklusivität verloren. Die riesigen Bungalows von einst werden bei Immobilienscout und Immonet schon für wenige Hunderttausend Euro gehandelt, Tendenz: rasch fallend. Meist liegen diese Fabrikantenvillen viel zu weit draußen vor der Stadt, fernab aller öffentlichen Verkehrsmittel, verschlingen Unsummen an Heizkosten, und in den Schwimmbädern lagert schon seit Jahren das Gerümpel. Selbst die Annehmlichkeiten eines Mercedes 600 (Klimaanlage, elektrische Fensterheber) bietet heute jede Vertreterkutsche.

Genau genommen bleiben nur zwei Statussymbole, die heute für Normalverdiener genauso unerschwinglich sind wie vor 50 Jahren und sich mutmaßlich genau deshalb bei Superreichen noch immer großer Beliebtheit erfreuen: privates Dienstpersonal in Form von Butler, Chauffeur, Gärtner, Koch – und der eigene Jet.

Es ist genau dieser Kreislauf, der eine gigantische Luxusgüterindustrie am Laufen hält: Was sich zunächst nur wenige leisten können, wird zum Statussymbol für wirklich Reiche und wirkt dadurch begehrenswert für den Rest der Bevölkerung. Dann werden die einst unerschwinglichen Luxusgüter immer billiger und geraten nun in die Reichweite all jener Mittelschichtsbürger, die bewusst oder unbewusst die Oberschicht nachahmen wollen. Die Reichen brauchen dann natürlich neue Statussymbole, denn die alten, längst demokratisierten taugen ja nicht mehr als solche. Der Kreislauf beginnt von Neuem.

Hinzu kommt: Die Welt der Oberschicht ist vielfältiger geworden, als es sich Soziologe Veblen oder *Spiegel*-Reporter Brügge jemals hätten träumen lassen. Während die statusorientierten Vermögenden, die Enderleins und Bühlbeckers, in vieler Hinsicht tatsächlich noch dem gängigen Klischee des Neureichen entsprechen, hat sich die Welt des alten Geldes in der heutigen Bundesrepublik längst in mehrere Milieus aufgespalten. Besteckfabrikant Oliver Berking und Gutsherr Haymo Rethwisch stammen beide aus norddeutschen Unternehmerfamilien, doch in ihren Konsumvorlieben wie in ihren Weltbildern haben sie wenig gemeinsam.

Berking fährt Volvo. Hingegen ist Neu-Junker Rethwisch im gleichen Audi A8 unterwegs wie Pleitier Enderlein. Dasselbe Statussymbol also, der Unterschied liegt in der Intention, mit der es gekauft wurde: Für Rethwisch ist der A8 vermutlich die etwas volksnähere Alternative zur S-Klasse. Aus diesem Grund bevorzugt auch die Kanzlerin den A8 – die Audi-Ringe wirken weniger elitär als ein Mercedes-Stern. Enderlein wiederum wollte explizit das gleiche Auto wie die Bundeskanzlerin und führt damit in gewisser Weise das volkstümliche Image von Audi ad absurdum.

Nun ist es mit Neureichen so wie mit schlechten Autofahrern: Jeder weiß, dass die Welt voll von ihnen ist, aber keiner zählt sich freiwillig dazu. Gerade deshalb fällt es so leicht, sich über beide Gruppen lustig zu machen. Glauben Sie, lieber Leser, womöglich auch, dass Sie keine Statussymbole nötig haben? Dass Sie Ihr Selbstwertgefühl aus anderen Quellen schöpfen, aus Ihrer glücklichen Familie, Ihrer Erfüllung im Beruf, Ihren intellektuellen Interessen?

Träumen Sie weiter! Längst gibt es nicht nur eine Luxusgüterindustrie, die die Sehnsucht nach herkömmlichen Statussymbolen bedient, sondern einen ebenso florierenden Markt für Anti-Statussymbole. Die am schnellsten wachsende Automarke in Deutschland hieß in den vergangenen Jahren Dacia. Die Autos des rumänischen Billig-Anbieters werden mehrheitlich keineswegs von Geringverdienern gekauft, sondern von all jenen, die zum Ausdruck bringen wollen: Ein Auto als Statussymbol lehne ich ab. *Chucks*-Sportschuhe von Converse und T-Shirts von American Apparel bilden Anti-Statussymbole in der Mode. Manufactum beliefert all jene Menschen, die ihr Heim bewusst ohne bekannte Markennamen einrichten möchten – und trotzdem bereit sind, 75 Euro auszugeben für einen »handgefertigten Besen aus einer schwedischen Werkstatt, Stiel: Birke, geölt«.[75] Und bei den Urlaubsreisen markiert in gewissen Kreisen nicht mehr das Luxusresort auf den Malediven den Prestigegipfel, sondern die Trekkingtour durch Masuren, bei der man Land, Leuten und Stechmücken »so richtig intensiv« nahe gekommen ist.

Mal ehrlich: Sind wir nicht alle ein bisschen Enderlein?

5. Wuppertal: Bloß kein Schickimicki!
Die konventionellen Vermögenden und die schöpferische Zerstörung

Da vorne ist der Feldweg zu Ende, und jetzt muss Stephanie Volkner wenden. Für einen Moment durchfährt mich eine gänzlich unangebrachte, männlich-chauvinistische Frage: Kann die das? Der Feldweg ist schließlich nur wenige Zentimeter breiter als das über zehn Meter lange Gefährt, in dem wir sitzen.

Blöder Gedanke, natürlich kann die das. Rückfahrkamera an, und schon kurbelt Stephanie Volkner, blonde Haare, rot lackierte Zehennägel, sandfarbener Hosenanzug, an der Servolenkung wie ein bärtiger Trucker im fünfunddreißigsten Berufsjahr. Ein paar Zweige streichen am Dach entlang. Vorwärtsgang, einschlagen, noch mal Rückwärtsgang, wieder vorwärts, geschafft. Noch Fragen?

Keine Fragen. Oder vielleicht eine: Warum um alles in der Welt gibt es Menschen, die sich für eine Million Euro ein Wohnmobil von der Größe eines Reisebusses kaufen, um damit das zu machen, was man auch mit einem Zelt für 100 Euro kann: Urlaub auf dem Campingplatz?

Na gut, das Volkner-Modell *Performance* bietet ein paar Extras, die ein Zelt nicht aufweist. Zum Beispiel zwischen den Achsen eine Art Garage, in der ein Mercedes SLK Cabriolet als Beiboot bereitsteht. Ferner Einbauschränke aus Kirschholz, aus denen auf Wunsch surrend der Plasmafernseher emporfährt, und einen glitzernd blauen Granitboden, den die Fußbodenheizung im Bad auf angenehme Barfußtemperatur erwärmt.

Aber mal nüchtern nachgedacht: Wer im Urlaub unbedingt mit einem Cabriolet herumfahren und in einem Zimmer mit Fußbodenheizung nächtigen möchte, der könnte jede Nacht im Grandhotel absteigen und würde trotzdem weniger Geld ausgeben, als ihn das Reisemobil kostet. Allein schon deshalb, weil ein voll beladener *Performance* bis zu 18 Tonnen wiegt und locker 20 bis 30 Liter Diesel auf 100 Kilometer schluckt.

Die Frage nach dem »Warum bloß?« kann vermutlich niemand besser beantworten als das Ehepaar Volkner selbst. Stephanie und ihr Mann Gerhard, sie Anfang 40, er Mitte 50, entwerfen, bauen und verkaufen in ihrem Wuppertaler Unternehmen nicht nur luxuriöse Reisemobile wie jenes Modell *Performance,* in dem ich mit Stephanie Volkner gerade eine Proberunde gedreht habe. Die Volkners leben auch das gleiche Leben wie ihre Kundschaft.

Zum Beispiel letztes Wochenende: Da waren die Volkners mal wieder mit ihrem *Performance* auf Tour. Am Freitagnachmittag noch ein Geschäftstermin, ein Zwischenstopp bei einem Kunden. Anschließend Besuch im Freilandmuseum, und als die beiden kleinen Söhne Leo und Max dann ordentlich müde gespielt waren, ging es auf der Autobahn weiter Richtung Fürth. Am Samstag waren die Volkners die Ersten im nahe gelegenen Playmobil-Vergnügungspark, »vor den Schlangen«. Und als Gerhard Volkner das Wohnmobil am späten Sonntagabend wieder auf sein Wuppertaler Firmengelände rollen ließ, auf dem die Volkners auch wohnen, da schlummerten die Kinder schon wieder. Kurz entschlossen kuschelten sich Gerhard und Stephanie Volkner zu Max und Leo ins große Doppelbett im Heck ihres Wohnmobils und schliefen zu viert im Auto, wenige Meter von der eigenen Haustür entfernt.

10 bis 15 Mal pro Jahr gehen die Volkners auf solche kombinierten Familien- und Geschäftsreisen. Und wenn man ihnen glauben darf, dann ist es genau diese Mischung aus Unabhängigkeit und Bodenständigkeit, die auch ihre Kunden suchen. Bei den meisten handelt es sich um erfolgreiche mittelständische Unternehmer, die früher ein normales Wohnmobil hatten. Doch mit dem Reichtum sank die Kompromissbereitschaft: Ein richtiges Bad sollte es nun sein und ein Bett mit normalen Abmessungen.

Das bereits erwähnte Grandhotel kommt für die Volkner-Klientel nicht infrage. Zu viele ungeschriebene Benimmregeln, zu wenig Raum für Spontaneität. »Das sind Leute, die den Komfort eines Fünfsternehotels suchen, aber Unabhängigkeit und Freiheit nicht missen wollen«, beschreibt Stephanie Volkner ihre Kundschaft. »Die Freiheit beispielsweise, in Pantoffeln und kurzer Hose beim Frühstück zu erscheinen.«[76]

Und wo soll man bitte im Vier Jahreszeiten oder im Europäischen Hof Würstchen grillen, wenn einem gerade danach ist?

Beim *Performance* lässt sich dieses Urbedürfnis sofort befriedigen, wie mir Gerhard Volkner stolz demonstriert. Kaum hat seine Frau den *Performance* auf einer blumenübersäten Wiese im Bergischen Land geparkt, öffnet ihr Mann eine diskrete Klappe im Rumpf. Dahinter verbirgt sich ein Gasgrill der Luxusklasse, den Gerhard Volkner sogleich anwirft. Wenige Minuten später sind die Würstchen fertig, dazu gibt es selbst gemachten Kartoffelsalat. Die Sonne brennt, und im Hintergrund quengelt Sohn Leo, weil ihn der Heuschnupfen plagt. Alles wie auf dem Campingplatz – bis auf die Tatsache, dass wir von Porzellangeschirr speisen.

Beim Essen berichten die Volkners, dass die Besitzer der Megamobile inzwischen eine verschworene Gemeinschaft bilden. Regelmäßig versammelt man sich zu Jahrestreffen, deren Termine streng vertraulich behandelt werden. Denn das Letzte, was diese Millionäre wollen, ist Aufmerksamkeit. Im Gegenteil: Es gibt Kunden, die extra dafür bezahlen, dass ihr Volkner-Mobil wie ein normaler Reisebus aussieht, inklusive des Schriftzugs eines fiktiven Touristikunternehmens auf der Seitenwand. Dann, so Gerhard Volkner, könne man das gute Stück auf dem Busparkplatz vorm Eiffelturm abstellen, ohne dass es groß auffalle.

Auch beim Vertrieb haben sich die Volkners an die Bedürfnisse ihrer Kunden angepasst. Normale Luxusprodukte, wie wir sie im vorangegangenen Kapitel kennengelernt haben, werden von geschniegelten und meist leicht arroganten Verkäufern angepriesen, in prächtigen Showrooms auf der Londoner Bond Street, der New Yorker Fifth Avenue oder der Münchner Maximilianstraße. Bei den Volkners hingegen gibt es weder Showrooms noch Verkäufer. Auf den wichtigen Wohnmobilmessen stehen die Eheleute selbst am Stand.

Die Ausstattungs- und Vertragsdetails verhandeln sie mit ihren Kunden dann auf einer rustikalen Eckbank. Die steht in der Küche jenes mit grauen Plastikplatten verkleideten Bungalows, in dem die Volkners auf ihrem Wuppertaler Firmengelände wohnen. »Wer mit dieser Art nicht klarkommt, der kauft auch nicht bei uns«, sagt Stephanie Volkner.

Nach Bestellung kann es dann zwei Jahre dauern, bis die 30 Mitarbeiter der Volkner-Manufaktur das Wunschobjekt fertiggestellt haben. Doch mit der Übergabe des Fahrzeugs endet die persönliche Beziehung zum Käufer noch lange nicht. Den Heiligabend hat Gerhard Volkner schon einmal bei einem Kunden in Oberbayern verbracht, bei dem Versuch, dessen Reisemobil wieder flottzukriegen. Bei lediglich rund 100 seiner Autos, die weltweit im Einsatz sind, kennt Gerhard Volkner noch alle Kunden mit Namen und Marotten.

Die Klientel der Mega-Wohnmobile zählt zu einem Milieu, das Sinus als *konventionelle Vermögende* bezeichnet, und auch die Volkners selbst muss man wohl zu dieser Gruppe rechnen – obgleich Stephanie Volkner erschrocken abwehrt: »Wir sind doch keine Millionäre!«

Doch die Marke Volkner, der Kundenstamm, das Wuppertaler Firmengelände und vor allem das im Unternehmen angesammelte Know-how sind natürlich viele Millionen Euro wert. So besitzt Gerhard Volkner zum Beispiel das Patent auf den von ihm erfundenen Mitteleinzug, mit dem sich ein Sportwagen zwischen den Achsen des *Performance* parken lässt.

Und auch wenn Stephanie Volkner nicht zu den konventionellen Vermögenden gezählt werden will, bringt sie die Lebenseinstellung dieser Gruppe doch auf eine denkbar treffende Formel. Als ich sie nach ihren Hobbys frage, antwortet sie mit rheinischem Mutterwitz: »Wir spielen kein Golf, wir machen noch das andere.«

Nicht nur das Golfspiel – alles, was in gängigen Klischees mit Reichtum verbunden wird, ist dem konventionellen Vermögenden zuwider: Er teilt weder den weltabgewandten Dünkel der konservativen Vermögenden, noch protzt er mit seinem Wohlstand wie die statusorientierten Vermögenden. Und wo der etablierte Vermögende Oliver Berking Hunderttausende ausgibt für ein Holzboot ohne Klo, da pfeifen die konventionellen Vermögenden auf solch feine Unterschiede und leisten sich für eine Million Euro ein Wohnmobil mit Luxustoilette – und die Fußbodenheizung gleich dazu. Wichtig ist ihnen allerdings, dass keiner diesen Wohlstand bemerkt. Deshalb die Geheimniskrämerei um die Treffen der Volkner-Community, deshalb die Reisebus-Mimikry.

Die konventionellen Vermögenden machen laut Sinus-Schätzung etwa 5 bis 10 Prozent der deutschen Oberschicht aus, ein relativ kleines Reichenmilieu also. Doch so wie man die Zahl der statusorientierten Vermögenden gerne überschätzt, weil sich in diesem Milieu so viele grelle Möchtegern-Reiche tummeln, so wird die Zahl der konventionellen Vermögenden meist unterschätzt, weil sich dieses Milieu alle Mühe gibt, um nicht reich zu erscheinen.

Konventionelle Vermögende stammen meist aus kleineren Verhältnissen und haben sich in der Selbstständigkeit hochgearbeitet. Aber es gibt in dieser Gruppe auch Vertreter der Erbengeneration, die bekannten Wirtschaftsdynastien entstammen, aber ganz bewusst den Rückzug in ein unauffälliges, meist sehr stark auf die eigene Familie ausgerichtetes Leben angetreten haben. Ihnen allen gemein ist die Grundhaltung: Bloß kein Schickimicki!

Auch Gerhard Volkner kennt das Unternehmerleben bereits aus dem Elternhaus, sein Vater betrieb in Wuppertal einen Gartenbaubetrieb. Sohn Gerhard wurde mit 14 in eine Schlosserlehre gesteckt, damit endlich jemand den Maschinenpark im elterlichen Betrieb warten konnte. Doch Gerhard Volkner machte sich bald mit einer eigenen Werkstatt selbstständig. Anfangs baute er vor allem Pferdetransporter, zum Teil mit Wohnkabinen. Aber immer schon beschäftigte ihn auch der Gedanke an ein Wohnmobil, mit dem man auf

Reisen wirklich unabhängig ist. 1997 stellt er den ersten Prototypen auf der Caravanmesse vor: »Damit haben wir einen Knaller gelandet.«

Vermutlich gehört es zum Erfolgsgeheimnis der Firma Volkner, dass ihre beiden Inhaber genauso ticken wie die Kunden. »Für konventionelle Vermögende steht im Vordergrund das private Glück in Form von Geborgenheit in der Familie sowie im sozialen Umfeld«, heißt es bei Sinus. Nichts macht Gerhard Volkner stolzer, als Sohn Max bereits mit sechs Jahren auf dem Rasentrecker übers Firmengelände kurven zu sehen.

Haben es konventionelle Vermögende erst einmal zu Erfolg und Wohlstand gebracht, dann richten sie ihren Ehrgeiz vor allem darauf, ihre erlangte Position zu bewahren. Eine »sportlich-spielerische Siegermentalität oder Lebensphilosophie«, wie sie Sinus bei anderen Oberschichtmilieus beobachtet hat, ist den konventionellen Vermögenden hingegen fremd.

Auch in Gerhard Volkner pocht trotz (oder gerade wegen) seiner Erfolge als Konstrukteur und Unternehmer eine zutiefst defensive Ader. Irgendwann hat er beschlossen: »Ich will nicht mehr wachsen. Ich kann nicht mehr Leute steuern, als ich habe. 30 Mann sind die Schmerzgrenze.« Und so liefern die Volkners, wenn alles gut läuft, pro Monat eines ihrer Reisemobile aus. Gibt es mehr Interessenten, verlängern sich eben die Wartezeiten.

Größenwahn als Unternehmerpflicht

Volkners Bescheidenheit macht ihn sympathisch. Doch es zählt zu den Absonderlichkeiten des marktwirtschaftlichen Systems, dass man ihm eigentlich ein bisschen mehr unternehmerische Chuzpe wünschen muss, ein bisschen mehr Expansionsdrang. Allzu viel Selbstbeschränkung kann der moderne Kapitalismus nicht vertragen. Um zu überleben, braucht er Menschen mit einer gesunden Portion Größenwahn.

Der österreichische Jurist, Philosoph und Wirtschaftswissenschaftler Joseph Schumpeter, geboren 1883, stand selbst nie im Ruf übergroßer Bescheidenheit und Zurückhaltung. Als Professor in Graz duellierte er sich mit einem Bibliothekar der Universitätsbibliothek, weil man sich über längere Öffnungszeiten für Studenten gestritten hatte. Nach dem Sturz des Kaisers beriefen die Sozialisten ihn 1919 zum österreichischen Finanzminister – und Schumpeter sorgte prompt für einen Skandal, weil er mit Prostituierten im offenen Wagen durch Wien fuhr. Anschließend führte Schumpeter ein Kreditinstitut mit dem für ihn nun wirklich ganz unpassenden Namen Biedermann-Bank. Als die Firma in der großen Inflation bankrottging, verlor er sein gesamtes Privatvermögen.

Es gab definitiv etwas Unstetes in Schumpeters Wesen. Vielleicht liegt es an diesem Charakterzug, dass er in seinem Hauptwerk das Unstete am Kapitalismus thematisierte. In der *Theorie der wirtschaftlichen Entwicklung,* erschienen 1911, beschrieb Schumpeter erstmals systematisch, wie durch Innovationen einzelner Unternehmer technischer Fortschritt und Wirtschaftswachstum entstehen. Eine besondere Rolle billigte Schumpeter dabei den Pionierunternehmern zu: Sie erfinden neue Produkte oder Herstellungsverfahren, erschließen neue Absatzmärkte oder Bezugsquellen oder durchbrechen mit günstigen Preisen ein bestehendes Monopol. In jedem Fall bringen sie Dinge in Bewegung. Sie erschaffen neue Nachfrage nach Produkten, die es vorher nicht gab. Oder sie stellen bewährte Produkte billiger her, sodass mehr Menschen sie sich leisten können. Auf diese Weise erzeugen sie Fortschritt und Wachstum.

Doch zugleich sorgen Pionierunternehmer auch für Unruhe. »Schöpferische Zerstörung« nennt Schumpeter diesen Prozess, in dessen Verlauf unablässig bestehende Firmen von neuen Pionierunternehmen verdrängt werden, die neue Produkte herstellen oder billigere Produktionsverfahren nutzen. In der Marktwirtschaft ist das Bessere der schlimmste Feind des Guten – und dieser Feind schläft nie.

Die Gesellschaft tut sich daher oft schwer, die Leistungen der Pionierunternehmer anzuerkennen. Denn langfristig sind die zwar äußerst nützlich, ja sogar überlebensnotwendig für jedes marktwirtschaftliche System. Doch kurzfristig sorgen sie vor allem für Unruhe. Der etablierte Fabrikant, der im Prozess der schöpferischen Zerstörung durch einen Pionierunternehmer vom Markt gedrängt wird, tut natürlich alles, um dem Störenfried Knüppel zwischen die Beine zu werfen. Und er weiß dabei zumeist seine Arbeiter und Angestellten hinter sich, die um ihre Arbeitsplätze fürchten, ebenso wie den örtlichen Bürgermeister, der um seine Gewerbesteuereinnahmen bangt.

In Schumpeters Augen braucht es einen besonderen Typ Mensch, der seine Ideen gegen solchen Widerstand durchzusetzen weiß. Was dabei vielleicht am meisten überrascht: Viele erfolgreiche Pionierunternehmer wurden zwar dank ihrer Innovationen unermesslich reich, doch eigentlich spielte Geld für sie nur eine untergeordnete Rolle. Den Pionierunternehmer motivieren laut Schumpeter andere Faktoren, nämlich »der Traum und der Wille, ein privates Reich zu gründen, Siegerwille und die Freude am Gestalten«.[77] Anders gesagt: Es geht ihm nicht um Geld, sondern um Macht, Ruhm und Selbstverwirklichung.

Handelt es sich bei Gerhard Volkner nun um einen Pionierunternehmer im Schumpeter'schen Sinne? Sicher, der gelernte Fahrzeugbauer hat ein neues Produkt entwickelt, das maßgeschneiderte Luxus-Reisemobil. Er hat Nachfrage erzeugt, wo vorher keine war. Den eindeutigsten Beleg für

Volkners Findigkeit liefern die Patente, mit denen er seine Erfindungen im Fahrzeugbau abgesichert hat. Geld war dabei niemals oberster Antrieb der Volkners, Freude am Gestalten trifft es schon eher. »Das Produkt lebt von den Ideen, und die Ideen wachsen bei mir«, beschreibt Volkner seine Motivation. Auch ein kleines privates Reich hat er sich geschaffen. Es besteht aus dem eigenen Wohnmobil, dem Bungalow auf dem Firmengelände, der Familie, mit der er gemeinsam auf Kundentour geht, den 30 Mitarbeitern, die er alle noch persönlich überwachen kann.

Doch der echte Pionierunternehmer, wie ihn Schumpeter vor Augen hatte, würde an dieser Stelle nicht innehalten. Eine innere Stimme würde ihm befehlen, sein Reich zu vergrößern, Kredite aufzunehmen, Mitarbeiter einzustellen, die Produktpalette auszuweiten, Konkurrenten aus dem Markt zu drängen – selbst wenn man mit dieser Vorwärtsstrategie das Risiko erhöht, dass das erschaffene Reich irgendwann zusammenbricht. Dass man vielleicht einen der Kredite nicht bedienen kann und pleitegeht.

All die Weltkonzerne, die in den letzten Jahrzehnten entstanden sind und auf den Ideen eines einzelnen Pionierunternehmers fußen, von Apple bis Ikea, beruhen auch darauf, dass Steve Jobs oder Ingvar Kamprad eben nicht bei 30 Mitarbeitern haltmachten, sondern ebenjener inneren Stimme folgten, die ihnen befahl: Weiterwachsen!

Auch in Deutschland schufen Pionierunternehmer binnen einer Generation ganze Konzern-Imperien. Etwa jener Schraubenkönig Reinhold Würth, den wir schon kennengelernt haben, oder der Gründer der dm-Drogeriemärkte Götz Werner, um den es im folgenden Kapitel gehen wird. Auch der Softwarekonzern SAP, dessen Mitgründer Klaus Tschira uns bereits erklärt hat, warum er lieber stiftet als Steuern zahlt, gehört in diese Kategorie. Die Konzerne Würth, dm und SAP beruhen jeweils auf einer revolutionären Idee ihrer

Gründer – und zugleich auf deren Willen zum Wachstum, zur Vergrößerung ihres Reiches.

In allen drei Fällen hat sich die Generation der Gründer inzwischen aus dem Management verabschiedet oder steht kurz vor diesem Schritt. Werden die angestellten Manager, die ihnen nachgefolgt sind, die Dynamik der Gründergeneration beibehalten können?

Schumpeter war in dieser Hinsicht äußerst skeptisch. Längst nicht jeder Unternehmer war für ihn ein schöpferischer Zerstörer oder ein Entrepreneur, wie er diese Kategorie auch bezeichnet. In Abgrenzung vom Entrepreneur beschreibt Schumpeter den Wirt. Damit meint er nicht nur Gastwirte, sondern alle Unternehmer, die nicht innovativ sind, sondern einfach entlang eingefahrener Bahnen vor sich hin produzieren. Die nicht aufbauen, sondern vor allem Bestehendes verwalten. Auch solche Wirte können mit einem auskömmlichen Gewinn als Lohn für ihren Arbeitseinsatz rechnen, aber sie werden mit ihrem Unternehmen weder exorbitant wachsen noch selbst unermesslich reich werden.

Die dritte Unternehmerkategorie, die Schumpeter beschreibt, nennt er Kapitalisten: Der Kapitalist stellt Geld zur Verfügung, damit die wahren Unternehmer, die schöpferischen Zerstörer, ihr innovatives Werk betreiben können. Für ihr Geld erhalten die Kapitalisten einen Zins oder eine Dividende und tragen auch ein gewisses Risiko – schließlich kann der Pionierunternehmer pleitegehen, dann ist das verliehene Kapital futsch.

Doch einer wirklich schöpferischen Tätigkeit im Schumpeter'schen Sinne gehen weder Wirte noch Kapitalisten nach. Sie haben keine neuen Ideen, für deren Verwirklichung sie große persönliche Risiken eingehen. Sie verwalten und finanzieren lediglich die guten Ideen, die andere vor ihnen hatten.

Gerade weil er den Entrepreneur zum einzigen Fortschrittsmotor des Kapitalismus erhoben hatte, kamen Schumpeter in späteren Jahren zunehmend Zweifel an der Überlebensfähigkeit dieser Gesellschaftsordnung. Nach einer ganzen Reihe von persönlichen Schicksalsschlägen und Skandalen war Schumpeter schließlich an der Harvard University gelandet. 1942, während in Europa der Zweite Weltkrieg tobte, verfasste er sein pessimistisches Spätwerk *Kapitalismus, Sozialismus und Demokratie.*

Seine darin niedergelegte Prognose: Dem Kapitalismus werden die Entrepreneure ausgehen. Immer mehr Märkte würden von Konzernen beherrscht, in denen nicht wagemutige Gründer das Sagen haben, sondern angestellte Manager. Die Suche nach Innovationen verlagere sich weg vom einzelnen Pionierunternehmer, hinein in die Strategiestäbe und Entwicklungsabteilungen der Konzerne. Doch den dort angestellten Menschen fehle es meist am inneren Antrieb zur Innovation, niemand wolle dort ein privates Reich gründen. Deshalb werde der Kapitalismus schon bald seine Fähigkeit einbüßen, besser als jedes andere System für Innovation und Wachstum zu sorgen.

Schumpeters radikales Fazit: Der Kapitalismus sei dem Untergang geweiht, die Zukunft gehöre dem (von Schumpeter keineswegs geschätzten) Sozialismus. Wenig später, im Jahr 1950, starb der Ökonomie-Philosoph in den USA.

In gewisser Hinsicht erging es Schumpeter ebenso wie dem von ihm übrigens höchst respektierten Karl Marx: Beide haben die gesellschaftlichen Verhältnisse ihrer Zeit zutreffend analysiert. In ihren deterministischen Zukunftsprognosen irrten sie gewaltig.

Indes: An der von Schumpeter beschriebenen zentralen Rolle, die schöpferische Zerstörung und Pionierunternehmer für Wachstum und Fortschritt spielen, hegen Wirtschaftstheoretiker bis heute keinen Zweifel. Auch für die Analyse der deutschen Oberschicht, die wir uns in diesem

Buch zum Ziel gesetzt haben, ist Schumpeters Sicht der Dinge hoch relevant. Denn Schumpeter lenkt den Blick darauf, dass es eben nicht in erster Linie die freundlichen, bescheidenen Tüftler und Erben aus dem Milieu der konventionellen Vermögenden sind, die den Fortschritt in unsere Gesellschaft tragen. Sondern oftmals die unbequemen Entrepreneure, die so sehr von ihrer Idee und ihrem Gestaltungswillen besessen sind, dass sie dafür im übertragenen Sinne über Leichen gehen: Niemand hat je behauptet, dass Steve Jobs ein besonders netter Mensch war.

Der Entrepreneur als Idealbild des modernen Kapitalismus unterscheidet sich deutlich vom Idealbild des sozialverantwortlichen Vermögenden, wie ihn das Grundgesetz einfordert und ihn sich die Mehrheit der Deutschen wünscht. Für den gesellschaftlichen Mainstream bemisst sich der Beitrag der Reichen zum Wohl der Gesellschaft in erster Linie daran, ob sie brav ihre Steuern zahlen, sich in Stiftung oder Ehrenamt für selbstlose Zwecke einsetzen, ihre Angestellten gut behandeln, bevorzugt in Deutschland investieren, ihre politische Macht nicht missbrauchen und mit ihrem Wohlstand nicht ungebührlich herumprotzen. Das Ehepaar Volkner kommt diesem Ideal ziemlich nah.

Wenn es hingegen nach Schumpeter geht, hat ein Reicher der Gesellschaft vor allem dann gedient, wenn er sein Geld durch schöpferische Zerstörung mehrt, Unordnung in die bestehenden Verhältnisse trägt und sich ein möglichst großes »Reich« schafft.

Nun sind die Unternehmer mit dem unbändigsten Schaffensdrang meist nicht diejenigen, die sich still und bescheiden nach dem richten, was die Gesellschaft von ihnen wünscht. Würth droht bis heute höchstpersönlich seinen Außendienstlern mit Rausschmiss, wenn ihm deren Leistung nicht passt. Tschira spricht dem demokratischen Staat die Fähigkeit ab, über den sinnvollen Einsatz von Steuergeldern zu entscheiden. Und ein so hochinnovativer Unternehmer wie Martin Herrenknecht, Weltmarktführer bei Tunnelbohrmaschinen, CDU-Großspender und nicht ganz uneigennütziger Unterstützer des Bahnhofsprojekts Stuttgart 21, erklärte seiner Belegschaft auf einer Betriebsfeier: »Wer jetzt noch die Grünen wählt, den werfe ich raus.«[78]

Gute Staatsbürger sagen so etwas nicht. Gute Entrepreneure schon. Staatsbürger sollen ihre unternehmerische Macht nicht zur politischen Einflussnahme missbrauchen, Entrepreneure hingegen nach Dominanz streben. Was die Gesellschaft vom Vermögenden als Staatsbürger verlangt, unterscheidet sich deutlich von dem, was ihm der Kapitalismus als Entrepreneur abverlangt.

Schumpeters Theorie kann leicht zur Rechtfertigung einer Übermenschenattitüde missbraucht werden. Wer will, kann aus ihr ableiten, dass Pionierunternehmer Vorrechte genießen sollten, die dem Rest der Gesellschaft nicht zustehen. Ihren Dienst an der Gesellschaft leisten die Entrepreneure nach dieser Lesart, indem sie Fortschritt und Wachstum auch gegen Widerstände Bahn brechen. Und nicht, indem sie all den Eiapopeia-Normen folgen, die die Gesellschaft ihnen unter dem Dachbegriff soziale Marktwirtschaft auferlegen will.

Zwar dürfte in Wahrheit nur eine Minderheit der deutschen Unternehmerschaft in die Kategorie Entrepreneur fallen, aber niemand hindert natürlich einen Schumpeter'schen Wirt oder Kapitalisten daran, sich ebenfalls als mutigen Pionierunternehmer zu verklären – und eine entsprechend privilegierte gesellschaftliche Stellung zu beanspruchen.

Wir haben ja schon verschiedentlich gesehen, dass das Streben nach Autonomie zu den milieuübergreifenden Merkmalen der deutschen Oberschicht zählt: Über ihren Einflussbereich, vor allem ihre Unternehmen und Stiftungen, will die Oberschicht selbst bestimmen und sich nicht vom Staat, von Gewerkschaften oder anderen gesellschaftlichen Institutionen dreinreden lassen. Schumpeter liefert den ideologischen Überbau zu diesem Autonomiestreben. Wahrscheinlich also kein Zufall, dass Schumpeter zu den Lieblingsdenkern der deutschen Oberschicht zählt.

Als Karl-Theodor zu Guttenberg, damals noch Wirtschaftsminister, 2009 seine Rede auf dem »Tag der Deutschen Industrie« hielt, dem alljährlichen Hochamt des Bundesverbands der Deutschen Industrie (BDI), da begann er selbstverständlich mit Schumpeter und einem Lob der schöpferischen Zerstörung.[79] Und wenn der ehemalige Bundesbankpräsident Hans Tietmeyer als Kuratoriumsvorsitzender der Initiative Neue Soziale Marktwirtschaft (einer gut getarnten Vorfeldorganisation des Arbeitgeberverbands Gesamtmetall) eine Laudatio auf den Maschinenbauunternehmer Berthold Leibinger und seine Trumpf AG hält, dann gipfelt dieses Lob natürlich in dem Satz: »Mit Ihrem Pioniergeist verkörpern Sie in typischer Weise den Schumpeter'schen Unternehmer, der Bestehendes immer wieder infrage stellt.«[80]

Kurz: wo immer zwei oder mehr Angehörige der deutschen Oberschicht zusammenstehen, da ist Schumpeter mitten unter ihnen. Doch wie viel Prozent der reichen Deutschen gehören wirklich in die hehre Kategorie der Entrepreneure? Und wie viele zählen eher zu den Wirten oder Kapitalisten?

Für die gut 900 000 deutschen Millionäre kann ich diese Frage nicht beantworten. Aber zumindest ganz an der Spitze der Vermögensskala stimmt die Antwort eher pessimistisch. Von den 100 reichsten Deutschen beziehungsweise deutschen Familien, die das *manager magazin* alljährlich auflistet und die jeweils über mindestens eine Milliarde Euro verfügen, haben selbst bei wohlwollender Auslegung lediglich 34 ihr Vermögen mit der Gründung eines eigenen Unternehmens verdient. Die übrigen zwei Drittel sind vor allem deshalb so reich, weil sie ein Familienunternehmen oder

Anteile daran geerbt haben.[81] Noch nachdenklicher könnte einen machen, dass 26 dieser 34 schwerreichen Pionierunternehmer das offizielle Rentenalter von 65 Jahren bereits überschritten haben.

6. Karlsruhe: Ja, wir sind alle Individuen!
Die liberal-intellektuellen Vermögenden und der Flirt von Geld und Geist

Runterkommen? Das geht für Götz Werner ganz einfach. Er macht es gleich mal vor: Zieht die Schreibtischschublade auf, holt eine zehn Zentimeter lange Stimmgabel heraus, schlägt sie an die Tischkante und hält sie sich direkt neben das Ohr. Ein perfekter Kammerton A, der Werner nach eigenem Bekunden sofort ruhiger werden lässt. Eine Entspannungsmethode, die Werner häufig während unangenehmer Telefonate praktiziert: am linken Ohr den nervigen Gesprächspartner, am rechten die brummende Stimmgabel. »In jedem Mann steckt ein Kind«, entschuldigt er seinen Spleen.

Als ich Werner 2005 zusammen mit meinem Kollegen Simon Hage zum ersten Mal in seinem rund 20 Quadratmeter kleinen Büro in Karlsruhe getroffen haben, wurde uns ziemlich schnell klar: Bei der Stimmgabel handelt es sich nicht um Werners einzigen Spleen. Da ist zum Beispiel der blaue Kristall auf Werners Schreibtisch, der nach der Lehre der Anthroposophen heilende Kräfte verströmt. Oder die Tatsache, dass Werner in gefühlt jeden dritten Satz ein Goethe-Zitat einbaut. Eine verballhornte Zeile aus *Faust* hat er sogar zum Werbeslogan seiner Unternehmensgruppe gemacht: »Hier bin ich Mensch, hier kauf ich ein« steht auf den Einkaufstüten der dm-Drogeriemarktkette, die Werner 1973 gründete.

Auch zur Charakterisierung von Werner selbst eignet sich ein abgewandeltes Goethe-Zitat: »Zwei Seelen wohnen, ach!

in seiner Brust«. Da ist zum einen Götz Werner, der esoterisch angehauchte Intellektuelle und sozialpolitische Aktivist – und zum anderen Götz Werner, der knallharte Unternehmer.

Im Drogeriegeschäft geht es rau zu. Die Umsatzmargen betragen lediglich einige Prozent. Bestehen kann nur, wer seine Kosten drückt. Der Markt ist komplett gesättigt, Wachstum allein auf Kosten der Konkurrenz möglich. Dutzende von Drogerieketten gingen in den vergangenen Jahren pleite oder wurden von einem der großen drei geschluckt: dm, Rossmann und Schlecker. Zusammen beherrschen sie heute drei Viertel des Marktes.

Vor allem Anton Schlecker prägt das miese Image des Gewerbes. Der Metzgermeister aus dem schwäbischen Ehingen pflegt eine Vorliebe für teure Sportwagen und schreiend bunte Versace-Hemden und hat seinen Konzern mit Methoden aufgebaut, die man selbst bei wohlwollender Auslegung nur als Ausbeutung bezeichnen kann. 1998 verurteilte ein Gericht ihn und seine Frau Christa wegen Lohnbetrugs zu zehn Monaten Gefängnis auf Bewährung. Das Paar hatte Hunderten Mitarbeitern weisgemacht, sie erhielten Tariflohn, dabei hätte der deutlich höher gelegen.[82] 2009 versuchte Schlecker, Teile seiner Belegschaft in eine Zeitarbeitsfirma auszulagern, die nochmals um 30 Prozent geringere Löhne zahlen sollte – was sogar Kanzlerin Angela Merkel zur öffentlichen Intervention nötigte.

Auch Götz Werner hat sein geschätztes Vermögen von 800 Millionen Euro nicht nur mit Sanftmut verdient. Allerdings richtet sich Werners Aggressivität nicht gegen seine Mitarbeiter, die werden bei dm nach Tarif bezahlt und genießen deutlich mehr Freiheiten als sonst im Einzelhandel üblich. Werner jagt lieber Konkurrenten. Unzählige Wettbewerber hat dm auf dem Weg an die Spitze geschluckt oder vom Markt verdrängt. Anfang 2012 rutschte Schlecker in die Pleite – und Werner hatte daran gehörigen Anteil. Über

Jahre hinweg nutzte Werner die Schlecker-Schwäche gehörig aus. »Die Schlecker-Filialen sind der Steinbruch, aus dem ich meine neuen Läden baue«, wird er zitiert.[83]

Das ist die eine Seele von Götz Werner, die des Krämer-Kraftmeiers, dem man noch heute an den breiten Schultern, dem mächtigen Brustkorb und den schwieligen Fingern seinen Lieblingssport ansieht: 1963 wurde Werner Deutscher Jugendmeister im Doppelzweier, und sein damaliger Bootspartner Günter Bauer erinnert sich: Der Götz sei schon damals ein unangepasster Querdenker gewesen.

Werner stritt sich mit dem Rudertrainer über die Trainingsmethoden. In der Schule bekam er wegen seiner Aufsässigkeit den Rohrstock auf die Finger. Nach seiner Ausbildung zum Drogisten überwarf er sich gleich mit seinem ersten Arbeitgeber, weil der die Verbesserungsvorschläge des jungen Ladenschwengels für nicht ganz so genial hielt wie Werner selbst.

Dabei war die Sache eigentlich klar. Bis 1972 herrschte in Deutschland eine Preisbindung für Drogerieprodukte, so ähnlich wie heute noch für Bücher. Als diese Preisbindung fiel, wusste Werner sofort: Nur jene Drogerien würden überleben, die den Wandel vom Tante-Emma-Laden zum Supermarkt für Klopapier und Zahnpasta schaffen, mit entsprechend niedrigen Kosten und günstigen Preisen.

Werner kündigte seinen Job, um den ersten dm-Markt nach eigenen Vorstellungen zu eröffnen. Für das nötige Kapital holte er sich einen vermögenden Teilhaber ins Unternehmen und expandierte rasch. In den 70er- und 80er-Jahren reiste Werner rastlos durch Süddeutschland, um Standorte für neue Filialen zu finden oder die bestehenden zu inspizieren. Mit dem gelassenen älteren Herren von heute, der sich eine Stimmgabel ans Ohr hält, hatte der Jungunternehmer Werner wenig zu tun. »Geduld musste der erst lernen«, sagt ein Weggefährte.

Der Erfolg gab Werners Konzept recht – und belohnte seine Rastlosigkeit. Auch heute, drei Jahre, nachdem Werner die operative Führung von dm an einen angestellten Manager abgegeben und sich selbst in den Aufsichtsrat zurückgezogen hat, wächst dm weiter mit rund zehn Prozent pro Jahr und macht ordentliche Gewinne.

Die andere Seele in Götz Werners Brust begann sich in den 70er-Jahren zu regen. Seine Schulzeit hatte Werner als einzige Tortur empfunden, nicht nur wegen des Rohrstocks. Er war sich mit seiner damaligen Frau einig: »Das, was wir in der Schule erlebt haben, dürfen wir unseren Kindern nicht zumuten.« Auf der Suche nach einer Alternative kam Werner in Kontakt mit den Waldorfschulen und dem dahinterstehenden Gedankengebäude, der Anthroposophie. Johann Wolfgang von Goethe gilt Anthroposophen bis heute als Vorbild – weniger wegen seiner literarischen Leistungen, sondern wegen seiner ganzheitlichen Sicht auf Mensch und Natur.

Man muss wohl um die Verletzungen und Konflikte wissen, die Werner in jungen Jahren auszustehen hatte, um die Faszination zu verstehen, die die Anthroposophie bis heute auf ihn ausübt. Hier fand er eine Geisteshaltung, in deren Kern ein nahezu grenzenlos positives Menschenbild steht: Wenn man den Menschen nur zeigt, wie sie sich durch Selbsterziehung vervollkommnen können, dann werden sie fast alles erreichen, ganz ohne Zwang.

Hatte nicht auch er, Werner, Erfolg gehabt, als man ihn endlich machen ließ?

Alle seine sieben Kinder schickte Werner auf Waldorfschulen – und versuchte die Waldorf-Pädagogik auch zu Hause konsequent umzusetzen. Als Werners damals 14-jährige Tochter ein Radio geschenkt bekam, nahm der Vater es ihr gleich wieder ab. Bis heute verzichtet die Familie Werner auf Fernsehen und Computer. Andererseits ertrug es Werner auch, als sein ältester Sohn zur vermutlich drastischsten Form der Revolte tendierte, die einem Waldorfschüler offensteht: Nach der Schule wolle er Bundeswehroffizier und Hubschrauberpilot werden, verkündete Werner junior. Es wurde dann doch ein Betriebswirtschaftsstudium daraus.

Soweit möglich, versucht Werner auch bei dm anthroposophische Prinzipien zu verankern. So lernen dm-Lehrlinge bei regelmäßigen Theaterworkshops, Szenen aus »Faust« auf die Bühne zu bringen. »Die jungen Leute heutzutage sind stark geschädigt vom Beeindruckungs-Bombardement der Medien«, verkündet Werner apodiktisch. »Statt ständig beeindruckt zu werden, muss ein junger Mensch auch mal erleben, was es heißt sich auszudrücken.«[84]

Die Selbstverantwortung der Mitarbeiter reicht bei dm deutlich weiter als in anderen Handelsunternehmen. Die Mitarbeiter der Filialen organisieren ihre Dienstpläne selbst und legen eigenständig ihre Umsatzziele für das kommende Geschäftsjahr fest. Alles Dinge, die dem Unternehmen durchaus nutzen: Durch das Theaterspielen werden die Lehrlinge eloquenter und sicherer den Kunden gegenüber, durch die Selbstorganisation in den Filialen spart dm unproduktives Managementpersonal, das lediglich die unteren Ebenen überwacht und dann selbst wieder überwacht werden muss. Auch individuelle Leistungsprämien lehnt Werner ab – und entspricht damit zumindest in Ansätzen der anthroposophischen Wirtschaftslehre, der zufolge die Arbeit des Menschen nicht käuflich ist. Folgerichtig spricht Werner von seiner Firma als einer »Arbeitsgemeinschaft«, und was andere Unternehmen Personalkosten nennen, heißt bei dm »Mitarbeitereinkommen«.

Dass es sich dabei keineswegs nur um wohlfeiles Wortgeklingel handelt, bestätigen die Gewerkschafter von ver.di: Werner pflege einen fairen Umgang mit seinen Mitarbeitern.

»Kündigungen gibt es bei dm so gut wie nie«, sagt auch die Betriebsratsvorsitzende.

Werner hat mithilfe der Gedankenwelt der Anthroposophen seine eigene Welt geordnet. Dabei weiß er genau, welche Aspekte dieser Lehre er für sein Unternehmen nutzen kann – und welche er besser auf die Erziehung der eigenen Kinder beschränkt. Verbindendes Motiv zwischen beiden Sphären ist Werners tiefer Glaube an die gewaltigen Fähigkeiten, die in jedem einzelnen Menschen stecken und sich besser durch Ermunterung zur Eigenverantwortung wecken lassen als durch Druck und Kontrolle oder auch staatliche Bürokratie.

Mit diesem Welt- und Menschenbild steht Werner beispielhaft für einen Oberschichttypus, den die Sinus-Studie so beschreibt: »Die grundsätzliche Lebenseinstellung *liberal-intellektueller Vermögender* ist geprägt von Weltoffenheit, Toleranz und kosmopolitischer Weitsicht. Dementsprechend sind sie starren Abläufen und Bürokratie gegenüber abgeneigt. Ihr Primat der Lebensqualität sehen sie bedroht durch Übertechnisierung und Globalisierung. Die Bedeutung der eigenen Person und ihrer Entwicklung wird in kontinuierlicher Selbstreflexion am Ideal des persönlichen Wachstums gemessen.« Etwa 15 bis 25 Prozent der deutschen Oberschicht teilen diese Geisteshaltung.

»Statusorientierung« wie auch »Demonstrationen von Besitz und Konsum« lehnten liberal-intellektuelle Vermögende hingegen kategorisch ab. Als Werner dm noch selbst führte, riss er jedes Jahr viele Zehntausend Kilometer in einem angejahrten Audi A6 herunter, der zugleich als Familienkombi diente. Einen Chauffeur hatte der mehrfache Milliardär nicht, und statt sich eine Luxusjacht zu leisten, geht Werner lieber im Morgengrauen rudern. Statt über dicke Autos definieren sich liberal-intellektuelle Vermögende laut Sinus eher durch »anspruchsvolle geistige und kulturelle Interessen sowie Engagements«, bevorzugt in den Bereichen

»Gesellschaft, Umwelt, sozial Benachteiligte und Dritte Welt«.

Was das in der Praxis heißt, lässt sich an einem herbstlichen Wochenende auf der Bühne des Hamburger Kulturzentrums Kampnagel beobachten. Götz Werner sitzt auf dem Podium, zusammen mit drei Zeitgenossen, die sicher nicht zum normalen Umgang der deutschen Oberschicht zählen: einer *taz*-Redakteurin, einem linken Filmemacher und dem Schriftsteller und Schallplattenunterhalter Wladimir Kaminer (*Russendisko*).

Wer hier der Star ist, lässt sich bereits am Eröffnungsapplaus ablesen. Die vielen Hundert Besucher haben ihre 12 Euro Eintritt vor allem bezahlt, um Götz Werner zu erleben, der an diesem Nachmittag über sein Lieblingsthema spricht: das bedingungslose Grundeinkommen. In unzähligen Podiumsdiskussionen wie dieser, in Interviews, Vorträgen und Büchern[85] trägt Werner immer wieder sein Konzept vor: Alle Sozialleistungen werden abgeschafft zugunsten einer monatlichen Pauschalzahlung, die jeder Bürger erhält. Und zwar unabhängig davon, ob er im herkömmlichen Sinne bedürftig ist oder nicht. Werner schweben dabei 1000 bis 1500 Euro pro Monat vor. Finanzieren will er das Grundeinkommen mit einer drastischen Anhebung der Mehrwertsteuer. Im Gegenzug sollen alle anderen Steuern entfallen, inklusive der Einkommensteuer.

Kritiker merken gerne süffisant an, dass Werner einer der größten Profiteure der Neuregelung wäre. Schließlich könnte er die dm-Gewinne künftig steuerfrei genießen. Ein Argument, das Werner mittlerweile dadurch entkräftet hat, dass er seine dm-Anteile in eine gemeinnützige Stiftung einbrachte. Werners Kinder werden als Firmenerben weitgehend leer ausgehen.

Das viel wichtigere Motiv für Werners Engagement dürfte darin liegen, dass sich das Grundeinkommen perfekt in sein sonstiges Weltbild einfügt: Er will Menschen dazu befähigen, die Potenziale, die in ihnen schlummern, wirklich zu nutzen – so wie es Werner in seinem eigenen Leben getan hat. Das Grundeinkommen soll dabei als Startkapital dienen, soll es Menschen leichter machen, sich aus stupiden Arbeitsverhältnissen ebenso zu befreien wie aus der Bevormundung durch den Sozialstaat. Werner erscheint es völlig unvorstellbar, was viele Kritiker des Grundeinkommens befürchten: Dass die Menschen einfach nicht mehr arbeiten gehen, wenn es pro Monat 1500 Euro fürs Nichtstun gibt.

Wenn er diesen Einwand hört, sieht Werner aus, als müsse er gleich wieder zur Beruhigungs-Stimmgabel greifen. »Hundertfach ist mir inzwischen die Frage gestellt worden: Aber mit einem Grundeinkommen arbeitet doch keiner mehr?«, erwidert er. »Ich frage dann zurück: Was würden Sie denn tun? Alle antworten: Klar, ich würde weiterarbeiten, ich habe schließlich Ziele und Aufgaben. Aber die anderen …«[86]

Sicher, räumt Werner dann ein, undankbare und schmutzige Arbeit müsste in Zukunft deutlich besser bezahlt werden als heute – oder würde endlich automatisiert. Und viele Bürger würden sich statt bezahlter Erwerbsarbeit lieber unbezahlten ehrenamtlichen Tätigkeiten widmen – die deswegen aber keineswegs wertlos für die Gesellschaft seien. Das passt wiederum zur anthroposophischen Wirtschaftslehre, die den Verkauf von Arbeitszeit gegen Geld ohnehin für ein Relikt der Sklaverei hält.

Auf jeden Einwand, den man gegen das Grundeinkommen vorbringt, hat Werner eine ziemlich schlagfertige Antwort parat – klar, er hatte ja mittlerweile auch genug Gelegenheit zum Üben.

Nicht nur auf dem Podium, auch im Publikum des Kulturzentrums Kampnagel sitzt an diesem Grundeinkommens-Wochenende eine denkbar bunte Mischung: Künstler, viele Rentner, Hartz-IV-Empfänger. Auch ein Hamburger Unternehmer, der gerade sein Küchenstudio verkauft hat und jetzt in Mecklenburg ein alternatives Männerzentrum betreibt, »mit Schamanismus-Seminaren und so«.

Typisch liberal-intellektuelle Vermögende. Sie scheuen die noblen Gettos, in denen sich die übrigen Oberschicht-Milieus bevorzugt bewegen, all die Golfklubs und Villenviertel weit draußen vor der Stadt, in denen der Gärtner den einzigen Normalverdiener weit und breit darstellt. Götz Werner wohnt in Stuttgart. Und zwar in einem jener teuren, aber gänzlich unprätentiösen Viertel auf halber Hanghöhenlage, in denen der Protest gegen das Bahnhofsprojekt Stuttgart 21 zum guten Ton gehört und »in denen sich die grün wählenden Gattinnen für Krötentunnel einsetzen und im Geländewagen beim Biobäcker vorfahren«, wie einer von Werners Nachbarn spottet, der Wirtschaftsanwalt Brun-Hagen Hennerkes.[87]

Das Stuttgarter Beispiel zeigt: Inzwischen haben die liberal-intellektuellen Vermögenden vielerorts ihre eigenen Biotope gebildet, in denen einem gelegentlich der Ausruf aus dem Monty-Python-Klassiker *Das Leben des Brian* in den Sinn kommt: »Ja, wir sind alle Individuen!«

Auch Christian Boros lebt im Biotop. Der spindeldürre Mittvierziger steht in einem Hinterhof-Loft in der Berliner Rudi-Dutschke-Straße, unter sich nackten Betonboden, hinter sich weiß gekalkte Wände, und von der Decke scheint ihm ein Filmscheinwerfer der Firma Arri auf den kahl rasierten Schädel. Der Weißwein schmeckt exquisit, die Häppchen kommen von Modekoch Tim Raue (dessen Restaurant sich im Vorderhaus befindet), und das Publikum hier beim Empfang in der Galerie Crone besteht aus lauter Menschen, wie Boros sie schätzt: »Tätertypen, die gerne ›ich‹ sagen, die sich nicht hinter dem Wir verschanzen.«

Boros stammt aus Polen, hat in Wuppertal studiert. Dort, im Bergischen Land, kam er mit einer Werbeagentur zu Vermögen und als Kunstsammler zu Renommee. So gehörte Boros zu den Ersten, die Werke des heute hoch gehandelten Fotografen Wolfgang Tillmans erstanden. Als dann nach der Jahrtausendwende immer mehr Maler und Galeristen aus der traditionellen bundesrepublikanischen Kunstmetropole Köln nach Berlin-Mitte umzogen, da legte sich auch Boros einen Zweitwohnsitz in der Hauptstadt zu.

Ein Schritt, den in den letzten Jahren unzählige Oberschicht-Angehörige aus der westdeutschen Provinz unternommen haben. Doch Boros interessierte sich nicht für die langweiligen Luxusapartments mit Doorman am Potsdamer Platz, die eigentlich für seinesgleichen vorgesehen sind. Wie alle liberal-intellektuellen Vermögenden wollte er etwas Individuelles. Fündig wurde er in der Reinhardtstraße, nur wenige Hundert Meter entfernt von seinem Lieblingsrestaurant Grill Royal (»der Wirt ist mein bester Freund«). Hier, im dicksten Mitte-Trubel, kaufte er einen alten Weltkriegs-Hochbunker. Im Bunker selbst brachte er seine Kunstsammlung unter, Besichtigung nach Voranmeldung möglich[88], obendrauf wohnt er zusammen mit Frau und sechsjährigem Sohn in einem spektakulären Penthouse. Inzwischen hat auch Boros' Werbeagentur einen Ableger in Berlin, und jetzt hat Boros auch noch einen Verlag gegründet.

Um ein Buch aus diesem neuen Verlag geht es offiziell heute Abend in der Galerie Crone. Doch inoffiziell dient der Empfang, wie die meisten gesellschaftlichen Anlässe der Oberschicht, auch der Netzwerkpflege.

Es lohnt sich, die vielen Verknüpfungen, die zwischen den Gästen in diesem weiß getünchten Loft bestehen, einmal exemplarisch aufzudröseln. Man merkt dann schnell: Die liberal-intellektuellen Vermögenden mögen vieles ablehnen, was zum traditionellen Millionärshabitus zählt. Doch wie man sich zwanglos unter seinesgleichen trifft, um gemeinsame Interessen auszuloten, um Hobby, Freundschaft und geschäftliche Interessen unaufdringlich miteinander zu verknüpfen, das haben die liberal-intellektuellen Vermögenden ebenso verinnerlicht wie all die Bankiers und Bauunternehmer aus den traditionelleren Oberschicht-Milieus. Nur, dass diese Zusammenkunft eben nicht im Düsseldorfer Industrieklub oder im Nobel-Golfverein St. Leon-Rot stattfindet – sondern in einer Galerie in Berlin-Mitte. Und dass man seinen Status nicht mit seinem Auto oder seiner Jacht unter Beweis stellt, sondern mit einer Kunstsammlung oder einem eigenen Buch. Oder beidem.

Der Mann, der da jetzt bei Boros steht, das ist zum Beispiel der Softwareunternehmer Ulrich Dietz, Vorstandsvorsitzender der GFT AG in St. Georgen im Schwarzwald. Auch Dietz gehört zu jenen, denen es in der Provinz schnell zu eng wird. Ein paar Jahre lang hat er sein rund 1000 Mann starkes Unternehmen schon mal von Südfrankreich aus geführt, einfach der Abwechslung wegen. Auch Dietz sammelt moderne Kunst, und jetzt hat er ein Buch geschrieben. Es heißt *The new New*, ist in Boros' neuem Verlag erschienen und liefert den Anlass für den Empfang.

The new New besteht aus 18 Interviews, die Dietz mit innovativen Menschen geführt hat. Mit Menschen, die der Softwareunternehmer in seiner kurzen Ansprache so beschreibt: »Sie verbindet eines: ihr Drang, über das Bestehende hinauszugehen und bequeme Sicherheiten für leidenschaftliche Überzeugungen aufzugeben.«

An dieser Stelle, lieber Leser, eine kleine Lernzielkontrolle: Wen wird Dietz in seiner Ansprache gleich zitieren?

Genau, Joseph Schumpeter. Gefolgt allerdings von Hermann Hesse und seinem nicht mehr ganz taufrischen Stufen-Gedicht (»Und jedem Anfang wohnt ein Zauber inne«), was einige der hippen Gäste in der Galerie Crone mit sarkastisch-schmerzverzerrtem Mundwinkel quittieren. Auch unter liberal-intellektuellen Vermögenden gibt es einen Oberschicht-Habitus, gegen den man verstoßen kann.

Aber bleiben wir beim Netzwerk: Boros' Werbeagentur hat schon mal mit GFT gearbeitet, und dass Boros nun Dietz' neues Buch verlegt, wird die Aussicht auf künftige gemeinsame Geschäfte nicht unbedingt verschlechtern. Ebenso wenig dürfte die Gegenwart von gleich drei reichen Kunstsammlern den Abend uninteressanter machen für die vielen Künstler, die sich heute Abend in der Galerie Crone tummeln.

Neben Boros und Dietz zählt zur anwesenden Sammlergarde noch Edwin Kohl, größter deutscher Pharmaimporteur, mit dem Dietz seit Jahren befreundet ist. Kohl hat wiederum Murat Günak im Schlepptau, den sanft blickenden ehemaligen Chefdesigner von Volkswagen. Günak entwickelt gerade ein besonders umweltfreundliches Elektroauto – finanziert von Kohl. Und was macht bitte Bernhard Rohleder hier, Hauptgeschäftsführer des Industrieverbands Bitkom? Ach so: Dietz ist Bitkom-Präsidiumsmitglied. Und Rohleder zudem verheiratet mit einer der anwesenden Künstlerinnen.

Nach dem ersten Glas Weißwein denke ich: Wenn man all die vielen Verbindungen, die zwischen den Menschen in diesem Raum bestehen, mit roten Wollfäden darstellen würde, das gäbe eine Installation, um die sich die Sammler Kohl, Dietz und Boros bestimmt reißen würden.

7. Ammersee: Vier Pferde sind Minimum
Der neue vermögende Nachwuchs und die Lehrjahre der Macht

Und dann bricht das Gewitter doch noch los. Den ganzen Nachmittag schon türmten sich die Wolken über dem nahen Maisfeld. »Zieht durch«, versicherte Heino Ferch, aber, nun ja, der Mann ist Schauspieler, nicht Meteorologe.

Es läuft gerade das letzte »Chukka«, die letzten siebeneinhalb Minuten des Endspiels um die deutsche Polomeisterschaft der Amateure, als die ersten Tropfen über den Platz wehen. Und kaum sind die verschwitzten, mit Gras und Erde beschmutzten Männer von ihren Pferden gestiegen, strömt das Wasser vom Himmel, und Sturmböen fegen durch die weißen Sponsorenzelte am Spielfeldrand. Innerhalb von Minuten verwandelt sich eine Wiese im bayrischen Voralpenland in ein Feuchtbiotop, in dem sich das sechste Sinus-Oberschichtmilieu vortrefflich in seinem natürlichen Rudelverhalten beobachten lässt: der *neue vermögende Nachwuchs*. Menschen, deren Lebenseinstellung sich in einem schlichten Motto zusammenfassen lässt: *Work hard, play hard.*

Und wo ließe sich härter spielen als beim vermutlich ältesten und zugleich elitärsten Mannschaftssport der Welt?

Der Poloplatz ist kein Ponyhof. Die Pferde erreichen eine Geschwindigkeit von 60 Stundenkilometern, ohne schmerzhafte Stürze geht kaum ein Match ab. Doch niemand lässt sich heute von blauen Flecken die Laune verderben. Auch nicht davon, dass einigen Spielern noch die gestrige »Player's Night« des Polo Clubs Landsberg – Ammersee in den Knochen steckt (»Dresscode: Abendkleidung/Smoking, gerne auch Tracht«). Erschwerend kommt hinzu: Ausgerechnet beim Sponsorenstand von Heino Ferchs Team ist schon mittags das Mineralwasser alle. Es gibt nur noch Champagner, aber den dafür reichlich und gratis.

Auch Felix Gerber[89] gönnt sich zwischendurch ein Glas Moët & Chandon. »Polo hat so etwas Archaisches«, sagt der Anwalt. Der Sport passt zum hohen Tempo, das Gerber auch im Berufsleben vorlegt – und zu seinem Budget: »Klar, wer Polo spielt, braucht einen gewissen finanziellen Background.« 20 000 Euro pro Jahr seien eher die Untergrenze, um im Amateurbereich ernsthaft mitzuspielen, »vier Pferde sind Minimum. Die müssen gefüttert und gepflegt werden. Dann der Transporter, um zu den Turnieren zu fahren.« Doch gerade weil jeder schon Geld mitbringe, so Gerber, komme es niemanden in den Sinn, den Poloplatz zur Geschäftsanbahnung zu missbrauchen, »ganz anders als beim Golf«. Gerber, der Rolex trägt, Porsche fährt und sich politisch am ehesten der FDP verbunden fühlt, genießt besonders, dass es »unter Polospielern keinen Neid auf Geld und Erfolg des anderen gibt, ganz anders als im Rest der Gesellschaft«.

Als Anwalt arbeitet Gerber hart. Doch der Großteil seines Wohlstands stammt aus anderen Quellen. Gerbers Vater war erfolgreicher Bauunternehmer. Und dann hat Gerber auch noch gut geheiratet: eine reiche Tochter der Goldküste, wie sie in der Schweiz das sonnige Ostufer des Zürichsees nennen.

Aus vermögendem Hause stammen, aber es auch selbst durch harte Arbeit zu etwas bringen wollen: Diese Kombination ist typisch für den neuen vermögenden Nachwuchs. Mit unter 10 Prozent stellt er das kleinste der sechs Oberschicht-Milieus – und bietet zugleich einen Ausblick darauf, wie die deutsche Oberschicht in den nächsten Jahrzehnten aussehen wird, wenn diese nachwachsende Generation endgültig die Positionen ihrer Eltern eingenommen hat.

Gerber und Co. erfüllen dabei keineswegs das Klischee der reichen Tunichtgute, die sich mit Papis Geld ein schönes Lotterleben machen. Solche Fälle kommen außerhalb der Romane von Johannes Mario Simmel eher selten vor. In der Realität übernimmt der neue vermögende Nachwuchs nicht nur die Erfolgs- und Leistungsorientierung der Eltern, er hebt sie sogar noch auf eine neue Stufe: Diese »Erfolgsmenschen einer neuen Zeit« (Sinus) fühlen sich nur noch schwach an althergebrachte Weltbilder gebunden. Normen und Hierarchien, auch von den Eltern vorgegebene, werden selbstverständlich hinterfragt. Man sieht sich selbst verdientermaßen als kommende Elite, die sich keinesfalls gängeln lässt. Ein unbändiges Selbstbewusstsein, das auf dem Empfinden basiert, besonders pragmatisch, leistungsfähig und zielstrebig zu sein.

Der prominenteste Vertreter dieses Milieus in Deutschland dürfte derzeit Nicolas Berggruen heißen: jener Sohn eines reichen Kunsthändlers, der es als gewiefter Geschäftsmann zu einem noch viel größeren Vermögen gebracht hat als sein Vater. Trotz seiner mittlerweile 50 Jahre wirkt Berggruen wie ein großer Junge. Er besitzt bis heute keinen festen Wohnsitz, lebt in wechselnden Luxushotels und lässt sich bei offiziellen Auftritten von diversen weiblichen Schönheiten begleiten. Rastlos umkreist Berggruen den Globus in seinem eigenen Gulfstream-Jet, auf der Suche nach neuen Exponaten für seine Kunstsammlung (eine Leidenschaft, die er vom Vater geerbt hat) oder neuen Investitionsmöglichkeiten. 2010 kaufte er die bankrotte Warenhauskette Karstadt. »Karstadt ist keine große Herausforderung«, sagt Berggruen mit einem Selbstbewusstsein, das an Arroganz grenzt. »Es ist genau das Gleiche, was ich seit Jahren mit mindestens 20 anderen Firmen gemacht habe. Und es wird auch diesmal funktionieren.«[90]

Die Widersprüche zwischen verschiedenen Lebensbereichen, die Vermögende aus traditionellen Milieus bisweilen empfinden mögen, etwa zwischen Pflicht und Genuss, zwischen Beruf und Privatleben, sind für den neuen vermögenden Nachwuchs weitgehend aufgehoben: In allen Lebensbereichen strebt er laut Sinus gleichermaßen danach, mit spielerischer Risikobereitschaft seine Fähigkeiten zu erproben, seine Grenzen zu erfahren – und sie zu überschreiten.

Der eigene Erfolg wird dabei auch gerne zur Schau gestellt, mit Rolex, Porsche-Schlüssel und Polo-Pony als zwar klischeebeladenen, aber durchaus typischen Insignien. Es handelt sich um jene Klientel, der auch Julia Friedrichs in ihrem Buch »Gestatten: Elite« zuhauf begegnete, einem Report über die exklusiven Internate und teuren Privathochschulen der Republik.[91]

Doch hinter dieser Fassade der jungen Über-Erfolgsmenschen existiert laut Sinus auch noch eine weiche, verborgene Seite: »Erscheint der neue vermögende Nachwuchs auch frei und ungebunden, hegt er doch eine recht ausgeprägte Sehnsucht nach Anerkennung, Ausgleich und sozialer Integration. Im Hintergrund vieler *Rich Kids* steht auch häufig der Wunsch nach einer intakten Familie als Ziel für später.«

Ein Ziel, das Gerber bereits verwirklicht hat: Auf dem Polo-Turnier schenkt seine Tochter ebenso brav den Champagner aus, wie es die Tochter von Oliver Berking auf der Gartenparty ihres Vaters in Flensburg getan hat.

Eltern gut, alles gut

Trägt der neue vermögende Nachwuchs sein Selbstbild als Leistungselite zu Recht mit sich herum? Wie viel Leistung steckt noch im eigenen Erfolg, wenn bereits die eigenen Eltern erfolgreich waren?

Auf diese Fragen Antworten zu finden, hat der Soziologe Michael Hartmann zu seiner Lebensaufgabe gemacht. Er passt auf den ersten Blick so gar nicht zu jener Oberschicht, die seinen Forschungsgegenstand darstellt. Der 58-jährige Hartmann trägt gerne T-Shirt und Cowboystiefel zu seinem grauen Schimanski-Schnurrbart, bezeichnet sich selbst als überzeugten Marxisten und wählt die Linkspartei. Hartmann spielt nicht Polo, sondern Fußball.

Der Wissenschaftler macht auch keinen Hehl daraus, wie holprig seine eigene Karriere verlief. Dabei fing alles gut an: aufgewachsen in einem bürgerlichen Elternhaus in Paderborn, Abitur am altsprachlichen Gymnasium, mit 26 promoviert, mit 30 habilitiert. Doch dann folgten 17 Jahre, in denen sich Hartmann von Zeitvertrag zu Zeitvertrag hangelte, zwischendurch mal ganz arbeitslos war und sich mit privaten Börsenspekulationen über Wasser zu halten versuchte – was ihm zu seiner eigenen Verblüffung gelang. Erst mit 47, als er längst nicht mehr damit gerechnet hatte, erhielt er den Ruf auf einen Lehrstuhl der Technischen Universität Darmstadt.[92]

Kann man einen Sozialwissenschaftler mit derart gebrochener Karriere und derart extremen politischen Ansichten überhaupt ernst nehmen?

Man kann nicht nur, man muss sogar. Denn Hartmann hat schnell erkannt, dass er niemals Gehör finden wird, wenn er seine Weltsicht lediglich in Form mehr oder weniger gelehriger Essays publiziert – wie es so viele seiner Soziologenkollegen praktizieren. Hartmann hingegen arbeitet streng empirisch. Für seine bisher wichtigste Veröffentlichung *Der Mythos von den Leistungseliten*[93] untersuchte er die Biografien von 6500 Juristen, Wirtschaftswissenschaftlern und Ingenieuren mit Doktortitel aus den Promotionsjahrgängen 1955, 1965, 1975 und 1985. Dank ihres hohen Bildungsabschlusses in einem marktgängigen Studienfach zählten diese Menschen zum Zeitpunkt ihrer Promotion allesamt zu den Anwärtern für höchste Führungspositionen in Wirtschaft und Verwaltung.

Doch trotz dieser gemeinsamen guten Voraussetzungen entwickelten sich die Lebenswege der Absolventen höchst unterschiedlich. Von den Promovierten, deren Vater Arbeiter, Bauer, kleiner Selbstständiger oder Angestellter beziehungsweise Beamter ohne leitende Funktion war, schaffte es nicht einmal jeder Zehnte im Verlauf seines Berufslebens in die erste Führungsebene eines größeren Unternehmens[94] – und damit in eine gesellschaftliche Position, in der man die besten Chancen besitzt, ein Millionenvermögen zu erwerben. Von den Söhnen aus dem gehobenen Bürgertum schaffte den Aufstieg an die Spitze eines solchen Unternehmens bereits jeder Achte und von den Sprösslingen des Großbürgertums fast jeder Fünfte. Wenig verwunderlich: Die mit

Abstand besten Chancen zum Aufstieg in die Firmenleitung hatten die Kinder, deren Väter selbst ein Unternehmen besitzen. Die Kinder wurden vermutlich schlicht von den Eltern als Nachfolger eingesetzt.

Fasst man die Definition von Wirtschaftselite noch enger, dann wird die soziale Herkunft noch entscheidender für den Zugang zu dieser Elite. In den Vorstand eines der 400 größten deutschen Unternehmen schafft es der promovierte Spross eines leitenden Angestellten mit zehnmal höherer Wahrscheinlichkeit als der formal ebenso hoch qualifizierte Sohn eines Arbeiters. Eventuelle Unterschiede bei Studiendauer, Studienort oder Studienfach, die für die Karriereaussichten ebenfalls eine Rolle spielen könnten, hat Hartmann bei diesen Vergleichen bereits herausgerechnet.

Wohlgemerkt: Diese systematischen Nachteile bei den Aufstiegschancen beziehen sich auf jene Arbeiterkinder, die es überhaupt bis zur Promotion geschafft haben. Doch natürlich sind bereits die Chancen, einen solchen Bildungsabschluss zu erlangen, für Kinder aus einer niedrigen sozialen Schicht ungleich geringer als für Kinder aus der Mittel- oder Oberschicht. 71 Prozent aller Akademikerkinder nehmen in Deutschland ein Hochschulstudium auf, aber nur 24 Prozent der Kinder von Nichtakademikern.[95]

Im Klartext heißt das: Kinder aus der Ober- und in geringerem Maße auch aus der Mittelschicht sind in Deutschland doppelt privilegiert. Aus den verschiedensten Gründen haben sie zum einen deutlich bessere Chancen, einen hohen Bildungsabschluss zu erlangen, der wiederum die beste Voraussetzung für ein hohes Einkommen bildet. Doch selbst unter denen, die es bis zur Promotion geschafft haben, besitzen die Kinder aus der Oberschicht wiederum um ein Vielfaches bessere Chancen, tatsächlich in einen lukrativen Job als Vorstand oder Geschäftsführer vorzudringen, als die Promovierten aus einfachen Verhältnissen.

Eine Benachteiligung, die sich laut Hartmanns Zahlen nicht nur in den Führungsetagen der Wirtschaft niederschlägt, sondern auch in anderen Teileliten wie der höheren Beamtenschaft. Da sich aber als Staatssekretär kein Millionenvermögen verdienen lässt (zumindest nicht auf legalem Wege), interessiert uns hier vor allem der ungleiche Zugang zur Wirtschaftselite: Warum können Kinder aus einfachen Verhältnissen das Karriere-Handicap ihrer Herkunft selbst dann nicht abschütteln, wenn sie es bis zum Doktortitel geschafft haben?

Hartmann greift zur Erklärung auf die Habitus-These von Pierre Bourdieu zurück, die wir bereits kennengelernt haben: »Wer in die Vorstände und Geschäftsführungen großer Unternehmen gelangen will, der muss nämlich vor allem eines besitzen: habituelle Ähnlichkeit mit den Personen, die dort schon sitzen. Da die Besetzung von Spitzenpositionen in großen Unternehmen von einem sehr kleinen Kreis entschieden wird und das Verfahren nur wenig formalisiert ist, spielt die Übereinstimmung mit den sogenannten ›Entscheidern‹, der ›gleiche Stallgeruch‹, die ausschlaggebende Rolle. Es wird sehr viel weniger nach rationalen Kriterien entschieden, als man gemeinhin vermutet.«[96]

Wobei Hartmann seine These im Gespräch dahin gehend differenziert, dass auch in der Einstellungsentscheidung nach Habitus eine gewisse Rationalität liegen könne: Zum Wesen der Unternehmensführung gehört es, dass man sehr häufig weitreichende Entscheidungen auf der Grundlage unvollständiger Informationen treffen müsse. Gleichzeitig ist es für Topmanager oder Unternehmer unmöglich, alle Entscheidungen aller Untergebenen jederzeit zu überwachen. Die beste Gewährleistung, dass alle im Unternehmen stets im Sinne des Chefs entscheiden, bietet deshalb eine Rekrutierung des Führungsnachwuchses nach Selbstähnlichkeit. Wer den gleichen Habitus aufweist wie der Vorstand, wird seine

Abteilung im Zweifel auch im Sinne des Vorstands führen. Deshalb werden Nachwuchskräfte mit dem richtigen Habitus bei Beförderungen bevorzugt.

Worin aber besteht nun der spezifische Oberschichthabitus in den Führungsetagen der Wirtschaft? Hartmann unterscheidet vier Bestandteile:

1. Kenntnis des Dress- und Benimmcodes – und die Bereitschaft, diese Regeln auch zu beherzigen.
2. Unternehmerisches Denken, inklusive der optimistischen Lebenseinstellung, die aus der Sicht von Spitzenmanagern notwendigerweise damit verbunden ist. Managementcoaches sprechen von der »Can-do-Attitüde«.
3. Persönliche Souveränität und Selbstverständlichkeit in Auftreten und Verhalten. Eine Unverkrampftheit, die den spielerischen Umgang mit jenen Regeln beinhaltet, die der soziale Aufsteiger erst mühsam auswendig lernen musste.
4. Eine breite Allgemeinbildung als Indiz für die unbedingt als notwendig erachtete Fähigkeit, auch mal ›über den Tellerrand‹ zu blicken.

Insgesamt lassen sich hier deutliche Parallelen erkennen zu jenen vier Charaktereigenschaften, die bei Millionären stärker ausgeprägt sind als beim Durchschnittsdeutschen (siehe Seite 75 ff.). Zum letzten Punkt, der Allgemeinbildung, fällt mir eine schon einige Jahre zurückliegende »Hall-of-Fame«-Feier des *manager magazin* ein. In seiner Ansprache konstatierte der damalige Multi-Aufsichtsrat Günter Vogelsang, einer der großen Strippenzieher der Deutschland AG, nahezu beiläufig: »Wenn einer potenziellen Führungskraft zu den Jahren 1066 oder 1077 nichts einfällt, dann stellt sich die Frage, ob deren Sicht der Welt zum Führen reicht.«

Die meisten Unternehmer und Topmanager im Schlosshotel Kronberg stellten ihre persönliche Souveränität unter Beweis, indem sie beifällig nickten – und offenließen, ob dieses Nicken nun Wissen oder Zustimmung oder beides signalisieren sollte. Ich hingegen bin mir sicher, dass man mir in diesem Moment genau angesehen hat, was ich dachte: »1077? Verflixt, was war da noch mal?«[97]

Wobei es, anders als von Vogelsang suggeriert, für die Qualität als Unternehmensführer natürlich nicht wirklich entscheidend ist, ob man mit dieser Jahreszahl etwas anfangen kann. Entscheidend ist vielmehr, keine Sekunde darüber nachzudenken, ob das Nichtwissen die eigenen Führungsqualitäten beeinträchtigen könnte, nach dem Motto: Was ich nicht weiß, ist auch nicht relevant.

Immer wieder stand ich als Wirtschaftsjournalist staunend vor Unternehmern und Managern, die mit größter Selbstsicherheit ihre (meiner Meinung nach komplett irrationalen) Entscheidungen vertraten und jede (meiner Meinung nach durchaus naheliegende) Kritik an diesen Entscheidungen als unqualifiziert abtaten. Woher nehmen die bloß diese Hybris, fragte ich mich dann.

Eine Frage, die übrigens nicht nur ich mir stelle. Als der damalige Vorstandschef der Hypo Real Estate (HRE), Axel Wieandt, vom nicht öffentlich tagenden parlamentarischen Kontrollgremium des Finanzmarktstabilisierungsfonds Soffin vorgeladen wurde, berichteten mir die dort vertretenen Bundestagsabgeordneten hinterher fassungslos vom Auftritt des Oberschichtsprosses (Sohn eines Bankvorstands, Absolvent einer Privathochschule): Trotz der vielen Milliarden Euro, mit denen der Staat die HRE vor der Pleite gerettet hatte, sah es Wieandt offenbar als Zumutung an, den Abgeordneten Rede und Antwort zu stehen. »Kritik von normalen Menschen scheint man in Wieandts Kreisen nicht gewohnt zu sein«, lästerte ein Abgeordneter.

Wie aber kommt diese typische Selbstsicherheit, dieser

unerschütterliche Glaube an die eigenen Fähigkeiten, der leicht in Arroganz umschlägt, in den neuen vermögenden Nachwuchs hinein?

Zu den wenigen deutschen Millionären, die offen über ihre Prägung durch Erziehung reflektieren und auch darüber, wie sie ihrerseits ihre Kinder erziehen, zählt ausgerechnet ein Mann, der längst zur Karikatur des deutschen Unternehmers geworden ist: Wolfgang Grupp, geschäftsführender Gesellschafter der Trikotwarenfabrik Gebrüder Mayer, besser bekannt unter dem Markennamen Trigema.

Genau, es handelt sich um jenen Herrn Ende 60 mit scharfem Scheitel und hochgeschlossenem Kragen, der im Werbespot vor der Tagesschau durch die Reihen seiner Näherinnen schreitet und schnarrend verkündet, dass seine Firma ausschließlich in Deutschland fertige und deshalb deutsche Arbeitsplätze sichern helfe. Dann flattert eine schwarz-rotgoldene Flagge durchs Bild. Und wer glaubt, das sei schon ziemlich peinlich, den erinnern wir an den Schimpansen mit der albernen Brille, der Grupps Auftritt zuvor mit »Hallo, Fans« anmoderiert hat und beweist: Fremdschämen kann man sich auch für Tiere.

Einer von Grupps 1200 Mitarbeitern im schwäbischen Burladingen müsste dem Chef dringend mal sagen, dass der Spot ausgemustert gehört. Doch vermutlich traut sich das keiner – Grupp ist berüchtigt für seine Zornesausbrüche.

Zugleich ist Trigema völlig auf Grupp zugeschnitten: Sogar über den täglichen Produktionsplan für die Näherinnen entscheidet der Chef selbst. Zusammen mit seiner Frau, einer geborenen Baroness von Holleuffer, überwacht er die gesamte Verwaltung des Unternehmens von einem Großraumbüro aus. Wenn Grupp lautstark einem seiner Angestellten mit Kündigung droht, dann versuchen die übrigen knapp 50 Verwaltungsmitarbeiter, betont uninteressiert weiterzuarbeiten.[98]

Seine Arbeiter hält Grupp kurz, ungelernte Kräfte fangen bei Trigema mit 8,50 Euro pro Stunde an, deutlich unter dem für die Branche gültigen Tariflohn. Auch der Jahresurlaub liegt mit 25 Tagen fünf Tage unter dem Standard des Tarifvertrags. Gleichzeitig leistet sich Grupp für einen Mittelständler dieser Größenordnung einen ungewöhnlich aufwendigen Lebensstil: Er lässt sich entweder im Mercedes 600 chauffieren oder benutzt gleich den Trigema-eigenen Helikopter mit fest angestelltem Piloten (der, wenn er nicht den Chef fliegt, in der Verwaltung aushelfen muss). Am Wochenende geht Grupp jagen – in einem 400 Hektar großen Jagdrevier, das ihm selbst gehört. Üppig fällt auch die Familiengrabstätte aus, die sich Grupp auf dem Burladinger Friedhof hat errichten lassen – 600 Quadratmeter mit sechs Grabstätten, mutmaßlich vorgesehen für Grupp, seine Frau, seine beiden Kinder und deren künftige Ehepartner.

Die Überzeugung, dass man sich für seinen Erfolg durchaus belohnen darf, hat schon Grupps Großvater, der Trigema-Gründer Josef Mayer, seiner Familie eingeimpft. 1932 leistete er sich in Burladingen einen privaten Tennisplatz. Kurz darauf ging er auf Amerikareise, überquerte den Atlantik mit den legendären Schnelldampfern Bremen und Europa – und zwar jeweils erster Klasse, wie sich die sparsamen Schwaben bald zuraunten.

Auch Wolfgangs Vater Franz Grupp, der in die Firma eingeheiratet hatte, liebte Luxus und Repräsentation. Er fuhr den gleichen Mercedes wie Adenauer, stieg stets in den besten Hotels ab und folgte in den 60er-Jahren einer damaligen Unternehmermode: Er wurde Honorarkonsul des Tschad – solche Operettentitel mussten üblicherweise gegen Bares erworben werden. Doch zugleich durfte bei Grupps zu Hause am Mittagstisch nicht gesprochen werden, weil der Vater in Ruhe Zeitung lesen wollte, und auch für Franz Grupp gehörte es zum Verhaltensrepertoire, seine Angestellten laut-

stark »zur Sau zu machen«, wie sich sein Sohn heute erinnert.[99]

Auch Wolfgang wurde früh an eine Mischung aus Luxus
und Härte gewöhnt: Zum Studienbeginn in Köln spendier-
ten ihm die Eltern eine Dreizimmerwohnung, einen Mercedes 190 SL, einen monatlichen Wechsel von 1000 Mark, Anfang der 60er-Jahre unerhört viel Geld für einen Studenten.
Zur Apanage zählte auch ein eigenes Reitpferd, nicht ohne
Hintergedanken: Das Pferd wurde im selben Kölner Reitstall
untergebracht, in dem auch einige Kaufhof-Vorstände ihrem
Hobby nachgingen. Der Warenhauskonzern war damals ein
wichtiger Trigema-Kunde. Eine beiläufige Lektion darüber,
wie man in der Oberschicht Kontakte knüpft.

Zuvor hatte Wolfgang Grupp harte Jahre im Jesuiteninter-
nat St. Blasien verbracht, in das ihn die Eltern direkt nach
der Grundschule gesteckt hatten. Schläge waren dort an der
Tagesordnung, und Wolfgang Grupp bekennt: Er habe dort
vom ersten bis zum letzten Tag Heimweh gehabt. Doch zugleich ist Grupp seltsamerweise überzeugt, dass ihm das Internat gutgetan habe, er habe dort gelernt, sich unterzuord-
nen, aber auch sich durchzusetzen, habe zu einem frühen
Zeitpunkt Disziplin und Selbstverantwortung entwickelt.

Mit anderen Worten: Vieles von dem, was uns Grupp
heute als Unternehmer so anachronistisch erscheinen lässt,
die Härte gegen Untergebene, das stutzerhafte Äußere, die
Liebe zur Repräsentation und der absolutistische Führungsstil, mit dem er Trigema ganz auf seine Person zugeschnitten
hat, aber auch Disziplin und unbestreitbares Kaufmannsge-
schick, all diese Eigenschaften konnte sich Wolfgang Grupp
bei seinem Vater und Großvater abschauen. Von frühester
Kindheit an hat sich bei Grupp ein Bild geformt, wie man
sich als Inhaber des größten Arbeitgebers in einer abgelegenen schwäbischen Landgemeinde zu verhalten hat – und diesem Bild entspricht Grupp bis heute.

Ein Grupp gibt Anweisungen, die andere ausführen: Ein Korrektiv zu dieser häuslichen Prägung gab es für den Trigema-Chef nicht. Er hat nie in einem anderen Unternehmen gearbeitet. Als er heiratete, war er 46, seine Baroness gerade mal 22 Jahre alt. Und der Bürgermeister von Burladingen frisst seinem wichtigsten Gewerbesteuerzahler aus der Hand – spätestens seit Grupp der Stadt eine neue Turnhalle spendiert hat. Das alles gepaart mit dem relativen geschäftlichen Erfolg von Trigema: Kein Wunder, dass Wolfgang Grupps Selbstbewusstsein mit dem Alter immer weiter zunahm. Nicht hingegen seine Bereitschaft, auf andere Menschen zu hören.

Inzwischen ist er auf dem besten Weg, seine familiären Prägungen an die nächste Generation weiterzugeben. Trotz Grupps zwiespältiger Erfahrungen in St. Blasien steckte er Tochter Bonita und Sohn Wolfgang ebenfalls in ein Internat. Wolfgang junior bekam mit zehn Jahren seinen ersten Maßanzug angeschneidert, damit er lernt, wie man sich darin bewegt. Derzeit studieren beide Kinder Betriebswirtschaft in London, ausgestattet mit einem großzügigen Wechsel, wie ihn auch Wolfgang senior als Student gewohnt war. Und selbst wenn Grupps Frau betont, dass in Sachen Unternehmensnachfolge noch nichts entschieden sei, verkündet Wolfgang Grupp senior gewohnt apodiktisch: »Wenn ein Sohn die Firma nicht übernehmen will, dann hat der Vater versagt.«[100] Der Sohn lässt aus London wissen, es wäre »ein Traum, später einmal in der Geschäftsleitung zu sein«. Doch die Entscheidung darüber sieht er bei seinen Eltern.[101]

Tochter Bonita, obwohl das ältere der beiden Kinder, kommt für diese Aufgabe offenbar nicht infrage. Ich glaube nicht, dass wir sie deshalb bedauern müssen.

IV. Haben wir die richtigen Reichen?

1. Andere Länder, dickere Schlitten

Von der Straße aus gesehen verschwindet das niedrige, weiß getünchte Landhaus fast vollständig hinter einer hohen Hecke. Nebenan wohnte bis vor einigen Jahren David Beckham, aber das macht nichts. Die Grundstücke in diesem Vorort von Madrid sind so weitläufig, dass man von seinen Nachbarn nicht allzu viel mitbekommt.

Auf der sandigen Auffahrt brät ein mächtiger Geländewagen in der Mittagssonne, ein Hybrid-Modell von Lexus. Eines dieser Autos, mit denen man demonstriert: Ich habe zwar zu viel Geld, um einen Kleinwagen zu fahren. Aber dass wir die Erde von unseren Kindern nur geliehen haben und so, das hat sich auch bis zu mir herumgesprochen.

Nur eine kleine Vorhalle trennt die Haustür vom L-förmigen Wohnzimmer. Wenige Fenster, wir sind im Süden. Dicht an dicht bedecken expressionistische Gemälde in allen Größen die Wände. Ihre altersdunklen Ölfarben lassen den Raum noch schattiger erscheinen. Im kurzen Winkel des L steht ein schlichter hölzerner Schreibtisch. So bescheiden kann das Home Office eines Superreichen aussehen.

Der Mann hinter dem Schreibtisch heißt Martin Varsavsky. Er bittet mich, Platz zu nehmen, und verschwindet dann kurz in der Küche. »Hier in Europa zeigen reiche Menschen ihren Wohlstand nicht so offen wie in den USA«, sagt Varsavsky, als er mit zwei dampfenden Espressotassen zurückkommt.

Der gebürtige Argentinier, Jahrgang 1960, kennt sich aus mit den feinen Unterschieden im Lebensstil der Superreichen. Aufgewachsen in Buenos Aires als Sohn eines Astronomieprofessors, geriet er als Oberschüler mit der damals herrschenden Militärjunta aneinander. Varsavsky engagierte sich in der sozialistischen Untergrundbewegung. Damals glaubte Varsavsky, jeder reiche Mensch sei zwangsläufig ein Dieb, der sein Geld anderen Menschen weggenommen habe.

Nun, das sähe er inzwischen anders, räumt er ein, lächelt fein und nimmt einen Schluck Espresso. Im Bücherregal hinter seinem Schreibtisch stehen direkt nebeneinander die Anti-Globalisierungsbibel *No Logo* von Naomi Klein und ein Luxushotelführer von Relais & Châteaux.

Als der Boden in Buenos Aires zu heiß wurde, floh die Familie 1976 nach New York. Dort trieb sich Martin bald in einer Szene von Künstlern und Hausbesetzern herum, die sich in leer stehenden alten Fabriketagen in Manhattan breitgemacht hatten. In diesen Jahren zeigte sich zum ersten Mal, dass in dem linken Aktivisten Varsavsky auch ein ziemlich gewiefter Unternehmer steckte. Als das Wohnen in den Fabriketagen nach und nach legalisiert wurde, erkannte der Argentinier: Hier zeichnete sich ein neuer Wohntrend ab. Noch während seines Studiums begann er, für wenig Geld Fabriketagen in Soho und Tribeca anzumieten oder aufzukaufen. Wenig später galten die luxuriös umgestalteten Objekte mit ihren hohen Decken, Sprossenfenstern aus Eisen und rohen Ziegelwänden als der letzte Schrei. Das Loft-Living war geboren, und Varsavsky machte seine ersten Millionen.

Bei denen sollte es nicht bleiben. Als in den 90er-Jahren die Telekommunikationsmärkte privatisiert wurden, gründete er zwei Telefongesellschaften und brachte sie genau zum richtigen Zeitpunkt an die Börse. Von nun an zählte er zum Club der Milliardäre.

Heute reist er zwischen Lateinamerika, den USA und Europa hin und her, um ein Bündel von Internetfirmen voranzubringen, an denen er sich beteiligt hat. Seinen Restidealismus lebt Varsavsky aus, indem er bevorzugt in solche jungen

Unternehmen investiert, die große Konzerne und deren Marktmacht angreifen. Etwa in die Firma Fon, die die Betreiber privater WLAN-Netze dazu animiert, sich gegenseitig die Nutzung ihrer Netze zu gestatten. So will Varsavsky den Mobilfunkgesellschaften mit ihren teuren drahtlosen Internettarifen das Geschäft vermiesen.

Aus seinen vielen Begegnungen mit reichen Geschäftspartnern, Freunden und Konkurrenten hat Varsavsky seine private Theorie über die Oberschicht in den drei Weltregionen entwickelt. Die US-Amerikaner zahlten wenig Steuern, hätten die größten Privatjets und die dicksten Autos, »aber sie kümmern sich auch am meisten um die Belange ihres Landes«.

Varsavsky erinnert sich an die Sun Valley Conference, die er gerade besucht hatte, ein exklusives Investorentreffen, zu dem nur die reichsten Männer der Welt Zutritt haben. Im Publikum saß neben Varsavsky auch Microsoft-Gründer Bill Gates (geschätztes Vermögen: 53 Milliarden Dollar), auf der Bühne stand Investment-Legende Warren Buffett (47 Milliarden Dollar). »Die meisten von uns hier«, rief Buffett seinem Milliardärspublikum zu, »zahlen einen geringeren Prozentsatz ihres Einkommens an Steuern als der Mann vorne an der Hotelrezeption.« Das müsse sich dringend ändern.

Zu Varsavskys Verblüffung erntete Buffett mit seiner Forderung nach höheren Steuern für Reiche nicht etwa Buhrufe, sondern begeisterten Applaus.

In Europa hingegen, so Varsavskys Beobachtung, lebten die Reichen vergleichsweise bescheiden, zahlten vergleichsweise hohe Steuern, übernähmen darüber hinaus aber nur selten gesellschaftliche Verantwortung.

Und in Lateinamerika, seiner Heimat? »Da haben wir das Schlechteste aus zwei Welten. Die meisten Reichen dort verprassen ihr Geld wie die US-Amerikaner und kümmern sich so wenig um die Gesellschaft wie die Europäer.« Eine Kombination, die Varsavsky nur schwer erträgt – weshalb er inzwischen Madrid zu seiner Wahlheimat gemacht hat. Kulturell erinnert ihn hier vieles an Buenos Aires, doch Arm und Reich klaffen in Europa nicht ganz so krass auseinander wie in Südamerika. »Spanien ist für mich das Argentinien, das ich gerne gehabt hätte«, sagt der ehemalige Sozialist und klingt ein bisschen wehmütig.

In der Tat lässt sich in weiten Teilen Lateinamerikas besichtigen, welche verheerenden Folgen es hat, wenn eine labile Beziehung in die Brüche geht. Jenes unsichtbare Band, das das Schicksal der Reichen mit dem der restlichen Bevölkerung verknüpft.

Jeder kapitalistische Staat dieser Erde, und das sind ja inzwischen fast alle, muss seine eigene Antwort darauf finden, wie sich dieser implizite Gesellschaftsvertrag zwischen oben und unten schließen lässt: Mit Kreativität, harter Arbeit und einer gehörigen Portion Glück bringen es manche Menschen zu Reichtum. Doch wer das geschafft hat, muss einen Teil des Reichtums an die Gesellschaft zurückgeben, an all jene, denen es vielleicht an Kreativität und Fleiß mangelte, vielleicht aber auch nur am Glück. Als Gegenleistung gestattet die Gesellschaft den Reichen, ihren Wohlstand in Frieden zu genießen.

Nur dort, wo Reiche und die restliche Gesellschaft eine solche symbiotische Beziehung eingehen, wächst der Wohlstand für alle und bleiben zugleich die sozialen Gegensätze erträglich. Wenn hingegen die Reichen versuchen, möglichst viel an sich zu raffen, und der übrigen Bevölkerung nur die Wahl lassen zwischen Neid und Hass auf die da oben, dann verkommt die Wirtschaft zum Nullsummenspiel. Dann kann oben nur gewinnen, was unten verliert.

Diese Negativvariante lässt sich in der Tat besonders ausgeprägt in Lateinamerika beobachten. Bis heute prägt dort der Geist der spanischen und portugiesischen Kolonialherrschaft die Beziehungen zwischen den Gesellschaftsschichten. Über Jahrhunderte waren oben und unten in diesen Ländern gleichbedeutend mit weißem Großgrundbesitzer und schwarzem oder indianischem Arbeitssklaven. Aus den Sklaven wurden Arbeiter, zu den Haciendas kamen Fabriken hinzu, und die Kolonien verwandelten sich in selbstständige Staaten. Doch sonst änderte sich nicht viel. Die Reichen sicherten ihre Rendite, indem sie ihre Arbeiter ausbeuteten. Damit die nicht aufbegehrten, unterstützte die Oberschicht rechtsgerichtete Parteien und Militärs, die jegliche Emanzipation der Unterschicht effektiv verhinderten – und sei es nur die Möglichkeit, die Kinder kostenlos zur Schule zu schicken. Eine Fehlentwicklung, der im Extremfall nur durch eine Revolution Einhalt geboten werden konnte. Wie in Kuba.

Das ist natürlich eine krass vereinfachte Darstellung, tatsächlich verlief die Entwicklung auch in Südamerika von Land zu Land unterschiedlich. Doch generell gilt bis heute: In Lateinamerika findet man nur selten den Schumpeter'schen Pionierunternehmer, wie wir ihn in Teil III kennengelernt haben. Typen, die mit pfiffigen Ideen Wirtschaft und Gesellschaft voranbringen und dafür wohlverdiente Pioniergewinne einstreichen.

Meist geben in Lateinamerika Unternehmer vom Schlage eines Carlos Slim Helú den Ton an. »Slim ist kein Erfinder, kein Entdecker, nicht einmal ein Erneuerer«, schrieb mein Kollege Klaus Boldt im *manager magazin*. »Weder hat er Märkte erschlossen noch ihr Verschwinden inspiriert – nichts, was vorher nicht schon da gewesen wäre, hat durch ihn das Licht erblickt.«[102]

Dennoch hat es Helú zum reichsten Privatmann der Welt gebracht. Mit einem geschätzten Vermögen von 53,5 Milliarden US-Dollar liegt er ganz knapp vor Bill Gates. Diese Summe entspricht einem Anteil von gut sechs Prozent am

Bruttoinlandsprodukt von Helús Heimatland Mexiko. Zum Vergleich: Das Vermögen des reichsten Deutschen, Karl Albrecht von Aldi Süd, entspricht weniger als einem Prozent des deutschen Bruttoinlandsprodukts.

Carlos Slim Helús Strategie beruht in wesentlichen Teilen darauf, dank seiner politischen Verbindungen in Mexiko den Wettbewerb auszuschalten und dann üppige Monopolrenditen zu kassieren. Slim-Style geht zum Beispiel so: Als die mexikanische Regierung Mitte der 90er-Jahre versuchte, sich durch Privatisierung von Staatskonzernen Geld zu beschaffen, erwarb ein Konsortium unter Helús Führung die staatliche Telefongesellschaft Telmex für vergleichsweise bescheidene 1,8 Milliarden Dollar. Heute besitzt allein die ehemalige Mobilfunk-Tochter von Telmex einen Börsenwert von rund 80 Milliarden Dollar. Zusätzlich ließ sich Helú bei der Telmex-Übernahme auf sechs Jahre ein gesetzlich abgesichertes Monopol für alle Ferngespräche zusichern. De facto ist dieses Monopol bis heute in Kraft, Telmex beherrscht 90 Prozent des Festnetzgeschäfts in Mexiko. Konkurrenten, die Telmex-Leitungen nutzen, müssen extrem hohe Durchleitungsgebühren zahlen. »Wir haben einen Staat im Staate«, klagt Francisco Gil Diaz, Mexiko-Statthalter des privaten Möchtegern-Wettbewerbers Telefónica, »eine Macht, die die Politik beeinflussen und blockieren kann.«[103]

Immerhin: Es gab Zeiten und Gegenden in Lateinamerika, da hätte eine solche öffentliche Äußerung ausgereicht, um Diaz eine Todesschwadron auf den Hals zu hetzen.

Auf den ersten Blick besteht nur ein kleiner Unterschied zwischen Varsavsky und Helú. Der eine hat eine Telefongesellschaft gegründet. Der andere hat eine Telefongesellschaft gekauft. Beide wurden damit sehr reich.

Doch die kleinen Unterschiede zwischen den beiden sind entscheidend: Während Varsavsky zumindest theoretisch für mehr Wettbewerb, damit niedrigere Telefongebühren und so für gesamtgesellschaftlichen Nutzen sorgt, leitete Helú in Mexiko lediglich die bislang staatlichen Monopolgewinne in seine private Tasche um. Wirtschaftswachstum und gesellschaftlicher Fortschritt können so nicht entstehen – was die Rückständigkeit und Armut in weiten Teilen Lateinamerikas zu verstehen hilft.

Eine ähnlich destruktive Rolle spielt die Oberschicht in Russland und den meisten anderen Nachfolgestaaten der ehemaligen Sowjetunion. Die Reichen dort rekrutieren sich zu einem großen Teil aus jenen Krisengewinnlern, die ihr Vermögen während der Regierungszeit von Präsident Boris Jelzin Anfang der 90er-Jahre gemacht haben. Damals misslang der Versuch, die ehemaligen sowjetischen Staatsbetriebe an die breite Masse der Werktätigen zu verkaufen. Die meisten Anteilsscheine fanden sich binnen kürzester Zeit in den Händen jener cleveren Geschäftemacher wieder, die wir heute als Oligarchen bezeichnen – ursprünglich eine Bezeichnung für Menschen, die wirtschaftlichen Reichtum und politische Macht vereinen.

Auch für Russlands Oligarchen ist die Nähe zur Politik die entscheidende Größe. Wie viel sie von ihrem zusammengerafften Vermögen behalten dürfen, ob sie in ihrem jeweiligen Markt mit Wettbewerb rechnen müssen, wie genau die Steuerfahndung ihre Unternehmen durchleuchtet: All diese fürs Oligarchenwohl doch ziemlich wesentlichen Fragen entscheiden sich heute vor allem anhand der Beziehungen zur russischen Regierung. Wer sich gut stellt mit Premierminister Wladimir Putin oder Präsident Dmitri Medwedew, vielleicht dem Kreml den ein oder anderen politischen Gefallen erweist, genießt im Russland von heute ein vergleichsweise sorgenfreies Leben. Wer sich hingegen aufmüpfig zeigt, landet im schlimmsten Fall auf unabsehbare Zeit im Gefängnis. So wie Michail Chodorkowski. Der ehemalige Ölmagnat sitzt offiziell wegen Steuerhinterziehung und Betrug ein. Inoffiziell dürfte ihm zum Verhängnis geworden sein, dass er Oppositionsgruppen gegen Putin unterstützt hat.

Wie in Lateinamerika gilt auch in Russland: Wenn sich unternehmerischer Erfolg vor allem durch politische Beziehungen bestimmt, bleiben Innovation, Wachstum und gesellschaftlicher Fortschritt auf der Strecke. Außerhalb des Rohstoffsektors und der staatlich dominierten Rüstungsindustrie besitzt Russland bis heute kaum Exportprodukte, die auf dem Weltmarkt wettbewerbsfähig wären. Was die Oligarchen selbst am besten wissen: Keiner von ihnen käme auf die Idee, ein russisches Auto zu fahren, man bevorzugt Qualitätsware made in Germany. Und obwohl das Land zahlreiche Werften besitzt, stammen auch die Jachten von Roman Abramowitsch und seinesgleichen fast immer aus Deutschland.

Die Vorliebe für Superjachten und Luxusautos zeigt bereits: Ebenso wie ihre lateinamerikanischen Standesgenossen verspüren die russischen Oligarchen wenig Neigung, das Geld, das sie dank des fehlenden Wettbewerbs zusammenraffen konnten, in Form von Steuern oder Stiftungen wieder an die Gesellschaft zurückzugeben. Umgekehrt glaubt ein Großteil der russischen Bevölkerung, dass sich reiche Menschen ihr Vermögen mit unlauteren Mitteln erworben haben.

In weiten Teilen Afrikas, insbesondere südlich der Sahara, existiert hingegen eine ziemlich klare Vorstellung von den Pflichten der Reichen gegenüber dem Rest der Gesellschaft. Doch für eine florierende Wirtschaft und steigenden gesamtgesellschaftlichen Wohlstand erweist sich auch die afrikanische Variante des Gesellschaftsvertrags zwischen oben und unten als wenig hilfreich: Wer es südlich der Sahara zu Geld gebracht hat (oder auch nur in ein politisches Amt), der sieht sich meist sehr rasch mit massiven Forderungen seiner Großfamilie, seines Heimatdorfes oder auch seiner Volksgruppe konfrontiert: Alle wollen einen Teil des Geldes abhaben.

Im Kleinen zeigt sich diese Mentalität an den afrikanischen Migranten in Europa, die nahezu jeden Euro, den sie in den Gemüseplantagen Andalusiens oder in den Spülküchen deutscher Restaurants verdienen, an die Familie in der Heimat schicken. So weit, so sympathisch.

Im Großen allerdings sehen wir die gleiche Einstellung an afrikanischen Politikern, die bisweilen gar nicht anders können, als ihr Amt zu nutzen, um öffentliche Mittel abzuzweigen. Das Geld brauchen sie, um jene Volksgruppe zu befriedigen, mit deren Hilfe sie an die Macht gelangt sind – sei es durch deren Stimmen bei demokratischen Wahlen, sei es durch einen Putsch. Die eigenen Leute, die einem geholfen haben, leer ausgehen zu lassen: Das wäre nach verbreiteter afrikanischer Vorstellung moralisch ebenso verwerflich wie bei uns die Steuerhinterziehungs-Stiftung in der Schweiz oder in Liechtenstein.

Apropos Schweiz: Weil afrikanische Politiker natürlich wissen, dass ihre Zeit an den Fleischtöpfen begrenzt ist – andere Regionen, Clans oder Ethnien wollen schließlich auch mal profitieren –, neigen sie dazu, möglichst rasch möglichst viel Geld aus dem Land herauszusaugen, Fluchtkonto in Zürich oder Genf inklusive.

Es dürfte kein Zufall sein, dass uns das heutige Mit- beziehungsweise Gegeneinander von Oberschicht und Rest der Bevölkerung vor allem in solchen Regionen besonders problematisch anmutet, in denen historische Brüche die über Jahrhunderte gewachsenen Normen und Wertvorstellungen der Bevölkerung durcheinanderwirbelten: Sowjetkommunismus, Sklaverei, Kolonialisierung.[104] Überall dort, wo jahrhundertealte Vorstellungen von den Rechten und Pflichten der Reichen jäh gestört wurden, anstatt sich allmählich zu entwickeln, ist der Gesellschaftsvertrag zwischen oben und unten gebrochen und oft bis heute nicht aufs Neue geschlossen worden.

Ohne dass wir es uns im Alltag bewusst machen, wurden unsere Vorstellungen von den Rechten und Pflichten der Reichen über Jahrhunderte, wenn nicht Jahrtausende geformt. In allen Weltreligionen gehört das Verhältnis zum Geld zu den zentralen Dogmen. Für wohlhabende Moslems zählt es zu den Pflichten, den »Zakat« zu geben, ein Almosen für die Armen, das unter sunnitischen Moslems üblicherweise 2,5 Prozent des verfügbaren Einkommens beträgt. Zudem gilt im Islam bis heute ein formales Zinsverbot: Wer Geld verleiht, soll immer auch einen Teil des kaufmännischen Risikos übernehmen. Ein Gebot, das inzwischen allerdings durch allerlei clevere »Islamic-Banking«-Produkte unterlaufen wird.

Abgesehen von diesen Regeln hat der Islam kaum Vorbehalte gegenüber privatem Reichtum – entsprechend unbefangen wird er in weiten Teilen Arabiens zur Schau gestellt. »Wir betrachten Reichtum als etwas Gutes«, sagt Mohammed Abdul Latif Kanoo, wohlhabender Miteigentümer eines Handelshauses aus Abu Dhabi, »schließlich war der Prophet vor seiner Berufung ein wohlhabender Kaufmann.«[105]

Allerdings ändere weltlicher Besitz nichts an der prinzipiellen Gleichheit aller Muslime vor Gott. Auf Erden mag es Vermögende geben und Arme, das ist in Ordnung. Aber im Grunde gehört nach islamischem Glauben aller Reichtum allein Gott und sollte mit entsprechender Dankbarkeit und Demut empfangen werden.

Wäre ich ein reicher Araber, würde ich sagen: Okay, mit dieser Bedingung kann ich leben.

Noch weniger Probleme als der Islam hat der Hinduismus mit der Legitimation von privatem Wohlstand: »Wohlstand wurde nach hinduistischem Verständnis durch gute Taten in einem früheren Leben erarbeitet«, sagt Thomas Druyen, der sich als Soziologieprofessor seit Langem mit der gesellschaftlichen Bedeutung von Vermögen auseinandersetzt und selbst zwei Jahre in Indien gelebt hat.[106] Kaum ein Hindu, meint Druyen, käme auf die Idee, jemandem wie dem indischen Stahltycoon Lakshmi Mittal sein Geld zu neiden. Selbst ein Bettler hätte schließlich die Hoffnung, durch Rechtschaffenheit nach Tod und Wiedergeburt in eine höhere Kaste vorzurücken – und es dann vielleicht auch mal so krachen zu lassen wie Mittal: Für die Hochzeit seiner Tochter im Jahr 2004 mietete der Milliardär das Schloss von Versailles und ließ Kylie Minogue für ein Hochzeitsständchen einfliegen. Kolportierte Kosten der Feier: 43 Millionen Dollar. Und während noch immer Millionen von Indern unterernährt sind, explodiert die Zahl der Dollarmillionäre förmlich. 153 000 von ihnen lebten 2009 in Indien, gut 20 Prozent mehr als im Vorjahr.

Ähnlich rasant verläuft das Millionärswachstum in China mit plus 12 Prozent. 535 000 Millionäre beherbergt der offiziell noch immer kommunistische Staat laut *World Wealth Report*.[107] Andere Quellen kommen gar auf annähernd die doppelte Zahl[108], und dies wäre nicht die erste Statistik aus China, die wir mit Vorsicht genießen sollten.

Fest steht jedenfalls: Wie die indische und die russische hat auch die neue chinesische Oberschicht keinerlei Probleme, ihren Wohlstand zu zeigen. Mein Kollege Wolfgang Hirn traf auf einer seiner Chinareisen den jungen Xiao Hui, der die überbordenden Konsumbedürfnisse der neureichen Chinesen zu einem originellen Beruf gemacht hat: Xiao Hui, noch nicht mal 30, Designerklamotten, Sonnenbrille im Haar, fliegt im Auftrag seiner reichen Landsleute nach Europa und kauft dort Luxuswaren für sie ein. Die reichen Auftraggeber vertrauen dabei gern auf Hui, »denn die haben zwar viel Geld, aber meist keine Zeit und noch weniger Geschmack«.[109] Weshalb in China auch fast ausschließlich französischer Rotwein getrunken wird – bei Weißwein sieht man ja nicht gleich an der Farbe, dass sich was Teures im Glas befindet.

Der traditionelle chinesische Wertekanon steht solchem Luxuskonsum nicht entgegen. Die konfuzianische Philosophie pflegt ein äußerst entspanntes Verhältnis zu irdischem Wohlstand – lediglich mit seiner eigenen Familie ist man nach konfuzianischem Verständnis zum Teilen verpflichtet. Auch der Buddhismus, vorherrschende, wenn auch durch den Kommunismus geschwächte Religion in China, sieht privaten Reichtum wie alles Irdische ziemlich gelassen. Lediglich für buddhistische Mönche und Nonnen gilt das Gebot der Askese, der Verzicht auf Schmuck und Luxus. Für Laien lautet die einzige Vorschrift in Bezug auf Privateigentum, dass sie nicht stehlen dürfen – ganz ähnlich wie in den Zehn Geboten im Christentum.

Kein Wunder, dass sich die Regeln ähneln. Die meisten religiösen Gebote, überall auf der Welt, erfüllen eine wichtige gesellschaftliche Funktion: Sie regulieren den Umgang mit Privateigentum und helfen so, blutige Konflikte zu vermeiden. Das Christentum tabuisiert in den Zehn Geboten ja nicht nur den Diebstahl, sondern auch den Neid auf Mitmenschen, die mehr besitzen. Umgekehrt legt es den Wohlhabenden die Pflicht auf, der Gemeinschaft einen Teil ihres Einkommens abzutreten – den zehnten Teil, um genau zu sein. Ganz ähnlich wie der Islam mit seinem Zakat.

Neidverbot gegen Teilungsgebot – ein alttestamentarischer Grundsatz, der sich bis heute in den meisten westlichen Gesellschaften wiederfindet.

Doch was die Auslegung dieses Dualismus angeht, haben sich in den christlich geprägten Gesellschaften ganz unterschiedliche Praktiken herausgebildet. Das eine Extrem bilden dabei die skandinavischen Staaten. Nirgendwo sonst in der westlichen Welt ist es so verpönt, seinen materiellen Wohlstand offen zur Schau zu stellen. In ganz Skandinavien gibt es keinen einzigen Händler der Automarke Rolls-Royce (wohl aber in Moskau, Kiew, Bukarest). Am nötigen Geld fehlt es den Skandinaviern nicht – eher schon an der Lust, ihren Wohlstand in Form eines auffälligen Autos spazieren zu fahren.

In Schweden werden hohe Einkommen mit einem üppigen Spitzensteuersatz von 56,6 Prozent belegt. Nach der gängigen Lesart der Steuersenkungs-Befürworter hätten sich längst alle halbwegs talentierten und leistungswilligen Menschen aus Schweden verabschieden müssen. Um zum Beispiel nach Bukarest umzuziehen, wo der Spitzensteuersatz nicht nur bei verlockend niedrigen 16 Prozent liegt, sondern man das gesparte Geld gleich vor Ort für einen schönen Rolls-Royce ausgeben kann.

Doch diese Wanderungsbewegung gen Rumänien ist bislang ausgeblieben, die Wettbewerbsfähigkeit der schwedischen Wirtschaft scheint unter den hohen Steuern nicht dramatisch zu leiden. Beim jüngsten *Global Competitiveness Report* des World Economic Forums, der anhand einer Vielzahl von Kriterien die Wettbewerbsfähigkeit von Volkswirtschaften misst, ist Schweden unter allen Staaten der Welt auf Platz zwei gelandet, gleich hinter der Schweiz.[110]

Dieses Ergebnis spricht für Schumpeters These, wonach es echten Entrepreneuren eben nicht in erster Linie darum geht, reich zu werden – sondern ein Reich zu errichten.

So wie Hjalmar Winbladh. Der langhaarige Mittvierziger sieht aus wie eine Mischung aus Björn Borg und dem jungen Benny Andersson von ABBA. Bei einem mächtigen Cheeseburger im Restaurant des Segelklubs von Nacka Strand, einem Vorort von Stockholm, erzählt mir Winbladh die Kurzfassung seines Lebens: Direkt nach der Schule gründete er in Stockholm sein erstes Start-up-Unternehmen. 1994 folgte das zweite, die Software-Firma Sendit, die bald an der Stockholmer Börse notiert war. Doch Winbladh merkte schnell, dass ihm das Gründen von Unternehmen wesentlich mehr Spaß machte als die Verwaltung des Tagesgeschäfts. 1999 bot er Microsoft seine Firma zum Kauf an – und der weltgrößte Software-Konzern schlug zu.

Winbladh war nun vielfacher Millionär. Doch im Verkaufsvertrag musste er sich verpflichten, noch mindestens zwei Jahre bei Sendit zu bleiben. Wie sich rasch herausstellte, hatte Microsoft das Unternehmen vor allem aus einem Grund gekauft: damit die Technologie nicht an einen Wettbewerber fiel. Innerhalb von 18 Monaten verließen vier Fünftel der Belegschaft das Unternehmen. Nur Winbladh durfte nicht weg.

Es wurde die unglücklichste Zeit seines Lebens. Als unerträglich empfand der Pionierunternehmer seine Einflusslosigkeit als normaler Angestellter, er erkrankte schwer an Meningitis.

Kaum waren die zwei Jahre rum, kündigte Winbladh. Er kaufte eine 20 Meter lange Segeljacht, heuerte zwei Crewmitglieder an und segelte zusammen mit seiner Familie zweieinhalb Jahre lang um die Welt. Damit die beiden Kinder so lange der Schule fernbleiben konnten, unterrichtete er sie selbst an Bord.

Nach seiner Rückkehr hatte Winbladh das Gefühl, alles unternommen zu haben, wovon er jemals geträumt hatte. Da war er noch nicht mal 40.

Seitdem versucht sich Windbladh an einer neuen Unternehmensgründung namens Rebtel, bislang mit mäßigem Erfolg. Und doch ist für ihn klar, dass er so weitermachen wird. Einen anderen Lebensstil als den des Entrepreneurs kann er sich nicht vorstellen.

Für skandinavische Unternehmer wie Windbladh spielt es nicht wirklich eine Rolle, wie viel Prozent Steuern sie auf ihren Gewinn entrichten müssen. Sie neigen auch nicht dazu, ihren Wohlstand allzu demonstrativ zur Schau zu stellen. Lieber stecken sie das Geld in die nächste Unternehmensneugründung. Allerdings sehen sie sich auch nicht wirk-

lich in der Pflicht, der Gesellschaft freiwillig etwas zurückzugeben. Ihren Teil des sozialen Kontrakts halten sie mit den
Steuerzahlungen für abgegolten.

Die zu Skandinavien entgegengesetzte Position nehmen
innerhalb der westlichen Industriestaaten die USA ein. Warren Buffett hat nur leicht übertrieben, als er behauptete, der
Hotelrezeptionist in den USA müsse prozentual mehr Steuern zahlen als der Milliardär. Gleichzeitig gibt es in keinem
anderen westlichen Industriestaat eine so ausgeprägte Neigung, seinen Reichtum öffentlich zur Schau zu stellen – sei
es in Form von demonstrativem Luxuskonsum, sei es durch
möglichst spektakuläre Mildtätigkeit. Noch viel stärker als in
Deutschland bemisst sich die soziale Akzeptanz des reichen
US-Amerikaners daran, wie viel er für welche Zwecke spendet und welche Aufsichtsposten in welchen gemeinnützigen
Organisationen er im Gegenzug erhält.

Ihren vorläufigen Gipfel erreichte dieses Hochleistungs-
Charity, als Warren Buffett und Bill Gates 2010 die amerikanischen Superreichen zu einer Initiative namens *The Giving
Pledge* zusammentrommelten. Rund 70 Superreiche haben sich inzwischen öffentlich auf der Website von *The Giving Pledge* verpflichtet, mindestens die Hälfte ihres Vermögens für gemeinnützige Zwecke zu spenden – wobei dieses
Versprechen auch testamentarisch nach dem Tod eingelöst
werden kann. Warren Buffett geht mit gutem Beispiel voran:
Er wird, teilweise zu Lebzeiten, teilweise nach seinem Tod,
99 Prozent seines Vermögens spenden – größtenteils an die
gemeinnützige Stiftung seines Freundes Bill Gates.

Wer einige der Briefe liest, mit denen die übrigen Super-
reichen der Initiative beigetreten sind, der ahnt allerdings:
Auch die Mildtätigkeit ist in den USA Teil des Wettbewerbs.
David Rockefeller schreibt da zum Beispiel: »Seit fünf Gene-
rationen erfährt meine Familie die wahre Befriedigung und
Freude der Philanthropie. Unser Engagement hat geholfen,

eine starke Gruppe von Institutionen zu schaffen, darunter die University of Chicago, die Rockefeller University, das Museum of Modern Art und den Rockefeller Brothers Fund.«[111]

Mutmaßlicher Subtext: Okay, ich mache mit. Aber uns Rockefellers muss nun wirklich niemand erklären, was wahre Großzügigkeit bedeutet.

Sehr vielsagend auch das Schreiben von Ted Turner, Gründer des Fernsehsenders CNN: »Ich messe Erfolg nicht in Zahlen, aber ich erachte meine Spenden von 1,3 Milliarden Dollar, die ich über die Jahre für verschiedene Zwecke geleistet habe, als meine stolzeste Errungenschaft und als beste Investition, die ich je getätigt habe. Diese Dollar haben Leben verbessert, Tierarten gerettet, Krankheiten bekämpft, Kinder erzogen, Wandel angeregt, Ideologien herausgefordert und Horizonte erweitert.«[112]

Subtext: Okay, ihr seid vielleicht gut. Aber ich bin besser!

Vermutlich kennt niemand diese seltsame Welt der US-amerikanischen Reichen besser als Robert Frank. Der Journalist arbeitet bei der Wirtschafts-Tageszeitung *Wall Street Journal* als »Wealth Correspondent«. Er berichtet über das Leben jener rund drei Millionen US-Amerikaner, die mehr als eine Million Dollar besitzen, und besonders über das eine, obere Prozent dieser Gruppe: die *Ultra-high net worth individuals,* also jene Superreichen, die mehr als 30 Millionen Dollar besitzen.[113]

»Ich hänge in Jachthäfen rum, schleiche mich auf Charity-Bälle, sehe mich in Ferrari-Autohäusern um«, beschreibt Frank seine Arbeit, »vor allem aber belästige ich reiche Menschen.«[114]

2007 fasste Frank seine Erkenntnisse aus vielen Artikeln für das *Wall Street Journal* in einem Buch namens *Richistan* zusammen. Sein Werk war, ich gestehe es gerne, Vorbild für jenes Buch, das Sie in Händen halten.

Franks zentrale These: Die Lebenswirklichkeit der superreichen US-Bürger entfernt sich immer weiter vom Dasein der übrigen Amerikaner. Wer mehr als eine Million US-Dollar besitzt, hat zwar noch einen amerikanischen Pass. Doch in Wahrheit lebt er längst zusammen mit anderen Millionären in einer eigenen virtuellen Nation inmitten der USA. »Richistan« hat Frank dieses virtuelle Land getauft und »Richistani« ihre Bewohner. Während in der normalen amerikanischen Gesellschaft die Realeinkommen stagnieren und es selbst für Mittelklassefamilien immer schwieriger wird, die Raten fürs Eigenheim mit den Collegegebühren der Kinder unter einen Hut zu bringen, leben Richistani in einer anderen Realität: Ihre Einkommen und Vermögen wachsen gegen den Trend in der übrigen Gesellschaft, ermöglicht durch niedrige Steuern und liberalisierte Finanzmärkte, die für hinreichend große Anlagebeträge hohe Renditechancen rund um den Globus eröffnen.

Okay, als Frank sein Buch schrieb, war die Weltfinanzkrise noch nicht ausgebrochen. Aber auch diese Krise traf die ärmeren Amerikaner, die sich die Hypothekenraten für ihre Eigenheime plötzlich nicht mehr leisten konnten, wesentlich härter als die reichen. Die Zahl der Millionäre jedenfalls liegt in den USA mit 3,1 Millionen bereits wieder annähernd auf Vorkrisenniveau.[115] Was man von der Zahl der Arbeitslosen nicht behaupten kann.

Die jüngste Debatte um eine universelle Krankenversicherung für alle Amerikaner konnten die Richistani ebenfalls vergleichsweise gelassen verfolgen. Sie stören sich nicht am uneffektiven US-Gesundheitssystem, weil sie sich meist von »Concierge Doctors« behandeln lassen, hoch bezahlten Spezialisten, die nur einer begrenzten Zahl von Familien zur Verfügung stehen. Auch der miese Ruf vieler öffentlicher Highschools und die hohe Kriminalität in den Innenstädten stören die Richistani kaum. Sie leben in »Gated Communities« und schicken ihre Kinder auf Privatschulen.

Frank schildert, wie er zu einer Superjacht-Ausstellung nach Fort Lauderdale reist, kurz nachdem ein Hurrikan die Stadt verwüstet hat. Die Straßen liegen noch voll mit zerbrochenem Glas, in den Turnhallen der Schulen drängen sich die obdachlos gewordenen Durchschnittsbürger. Im klimatisierten Catering-Zelt am Jachthafen stecken derweil zwei Richistani frische Erdbeeren in den Schokoladenbrunnen und diskutieren darüber, ob der vor dem Zelt präsentierte Rolls-Royce Phantom wirklich das beste Auto der Welt sei oder doch eher der Bentley, den sich einer der beiden gerade bestellt hat.

Was keineswegs bedeutet, dass alle Einwohner von Richistan kaltherzige Prasser sind. Wie gesagt: »To give back« gehört in diesen Kreisen zu den Standardhobbys. Der US-Gesellschaft fühlt man sich durchaus zu Dank verpflichtet: Schließlich hat sie einem die Ausreise nach Richistan ermöglicht – 90 Prozent der US-Millionäre haben laut Frank ihr Vermögen selbst erworben, zumeist als Unternehmer. Anders als in Deutschland hat nur eine kleine Minderheit ihre Millionen geerbt.[116] Diese Übermacht der sozialen Aufsteiger gegenüber den Vertretern des alten Geldes sorgt regelmäßig für Zoff.

Wenige Kilometer von Fort Lauderdale entfernt wurde Frank Zeuge einer Schlacht, in der es um die Macht ging in einer der wichtigsten sozialen Bastionen von Richistan: dem alljährlichen Rote-Kreuz-Wohltätigkeitsball in Palm Beach. Über Jahrzehnte hinweg gab dieser Ball die ultimative Antwort auf die Frage, wer in den USA wirklich zum Geldadel dazugehört (und folglich eingeladen wird) und wer als unakzeptabel neureich gilt (und folglich draußen bleiben muss). Angesichts all der DuPonts, Vanderbilts und Kennedys, die sich hier tummelten, galt es als höchste soziale Stufe, wenn man, nach unzähligen diskreten Geldspenden, Charity-Lunches und anderen sozialen Aktivitäten, endlich den Vorsitz des Ball-Organisationskomitees angetragen bekam.

Bis 2003. Damals kam Simon Fireman nach Palm Beach, ein Bostoner Arbeiterkind, das sein Vermögen mit aufblasbaren Poolspielzeugen verdient hatte, und spendete dem Roten Kreuz die selbst für Palm-Beach-Verhältnisse unerhört große Summe von 1 Million Dollar. Die Herren vom Roten Kreuz wussten, was im Gegenzug von ihnen erwartet wurde: Sie feuerten die bisherige Komitee-Vorsitzende und setzten Fireman ein. Natürlich mochte vom alten Geldadel nun niemand mehr kommen. Fireman musste die Tische mit seinen Kumpels aus Boston auffüllen, und zu allem Überfluss stürzte er bei seinem ersten Auftritt als Ballvorsitzender auch noch betrunken von der Bühne.[117]

Soll also keiner behaupten, das Leben der Richistani wäre frei von Sorgen! Wenn nicht gerade eine Finanzkrise dazwischenkommt, steigt die Zahl der Millionäre in den USA schneller als die Bevölkerung eines islamischen Schwellenlandes. Dementsprechend verschärft sich auch in Richistan der Kampf um lebensnotwendige Ressourcen. Neureiche Poolspielzeugfabrikanten machen dem Ostküsten-Geldadel die angestammten Charity-Prestigepositionen streitig. Vor den wenigen Tankstellen für Superjachten stauen sich die Boote mitunter tagelang. Vertrauenswürdiges und zugleich qualifiziertes Personal, das all die Zweit- und Drittwohnsitze unterhält, all die Privatjets fliegt und all die damit einhergehenden Rechnungen kontrolliert und bezahlt, lässt sich immer schwerer auftreiben.

Das wahre Drama von Richistan spielt sich jedoch in der Unterschicht dieses Landes ab: bei den einfachen Millionären. Sie haben ihren Wohlstand häufig in relativ normalen, aber eben sehr gut bezahlten Berufen erworben – als Ärzte, Anwälte, Manager. Was wiederum bedeutet, dass ihr Wohlstand am Job hängt und sich keineswegs automatisch durch

Zinseszins vermehrt. Diese einfachen Millionäre müssen immer härter arbeiten, müssen einen immer größeren Teil ihres Einkommens ausgeben, um im Lebensstil noch annähernd mit den oberen Schichten von Richistan mitzuhalten. Schon sieht Frank einen »neuen Oberklassenkampf« heraufziehen zwischen »denen, die haben, und denen, die mehr haben«.[118]

Könnten die einfachen US-Millionäre denn nicht einfach auf ein paar teure Statussymbole verzichten und von Richistan zurück in die normalen Vereinigten Staaten migrieren, in das Leben außerhalb der Gated Communities? Unzählige europäische Millionäre machen schließlich vor, dass man auch mit viel Geld einen vergleichsweise normalen Lebensstil pflegen kann.

Sie könnten schon, aber es fällt schwer. Nach außen hergezeigter Konsum spielt in den USA quer durch alle Gesellschaftsschichten eine wichtige identitätsstiftende Rolle, deutlich stärker als zum Beispiel in Deutschland. Die hohe soziale und geografische Mobilität in den USA lässt wenige andere Möglichkeiten als den Konsum, um sozialen Status zu markieren. Es gibt in den USA einfach zu viele Menschen, die im Laufe ihres Lebens in der sozialen Rangordnung aufsteigen. Und noch mehr, die zu häufig umziehen, als dass sie sich darauf verlassen könnten, dass die Nachbarn schon in etwa wissen, mit was für einem tollen Hecht sie es zu tun haben.

Die meisten Deutschen hingegen verbleiben ein Leben lang in jener Region und sozialen Schicht, in die sie hineingeboren wurden. Bei uns im Dorf wusste man genau, dass Jürgen Hunke reich war. Die Villa und den Ferrari hätte er sich so gesehen sparen können. Umgekehrt sprach es sich blitzschnell rum, als der ortsansässige Edelarchitekt pleite war. Dem hätte auch keine Luxuslimousine geholfen, den Schein zu wahren.

Doch diese deutsche Übersichtlichkeit könnte schon bald

Vergangenheit sein, wenn man Franks Prognose am Ende seines Buches glaubt: Richistan werde sich schon bald über die ganze Welt erstrecken. Im Zuge der Globalisierung bilde sich eine neue globale Millionärsklasse heraus, deren Mitglieder untereinander mehr Gemeinsamkeiten besäßen als mit den übrigen Bürgern ihrer Herkunftsländer, mit denen sie nicht mehr teilen als den Pass: »Die Reichen werden sich immer weniger an ihre Heimatländer gebunden fühlen, sie werden zu Weltbürgern von Richistan. Sie werden ihr Geld rund um den Globus anlegen, anstatt es in ihren Heimatgemeinden oder -ländern zu investieren. Sie werden denken, leben und einkaufen als Richistani, nicht als Amerikaner, Inder und Russen.«[119]

Das globale Richistan wäre vielleicht vergleichbar mit dem europäischen Hochadel des 18. Jahrhunderts. Auch der verstand sich als staatenübergreifender Stand und sprach überall auf dem Kontinent ganz selbstverständlich Französisch. Mit den Bauern hingegen, die um ihre Schlösser herum lebten, konnten sich die Adeligen oft nur mühsam verständigen.

Wird es in Deutschland bald wieder so sein? Ich hoffe nicht. Zumindest dürfte dieser kurze Streifzug durch die Welt der Reichen in aller Welt eines verdeutlicht haben: Jene Art des Umgangs zwischen oben und unten, wie er in Deutschland und weiten Teilen Westeuropas üblich ist, stellt global gesehen eher die Ausnahme dar. Die Reichen in Deutschland wie auch in vielen anderen europäischen Ländern halten sich mehrheitlich mit allzu protzigen Statussymbolen zurück, zahlen im globalen Vergleich hohe Steuern und reagieren dennoch nicht mit einer Massenflucht in Steueroasen. Im Gegenzug werden die Reichen in Ruhe gelassen. Sie müssen sich nicht in Gated Communities verschanzen und kein privates Wachpersonal beschäftigen.

Statt über Luxuskonsum definieren sich die meisten deutschen Millionäre über ihre Familie und ihre Arbeit, die zumeist in der Führung des eigenen, ebenfalls in Deutschland ansässigen Unternehmens besteht. Sie fühlen sich gegenüber der Gesellschaft, in der sie leben, ebenso verantwortlich wie gegenüber den Mitarbeitern, die sie beschäftigen. Und wenn die vielen gemeinnützigen Stiftungen reicher Deutscher nebenbei auch dem Narzissmus oder dem Machtstreben unserer Millionäre dienen, so kann man mit Blick auf die Verhältnisse in Russland und Mexiko eigentlich nur sagen: Unsere Sorgen möchte ich haben!

Einerseits. Andererseits erscheint mir auch in Deutschland der Gesellschaftsvertrag zwischen oben und unten in Schieflage geraten zu sein. Warum wird das obere Prozent der Deutschen immer reicher, während für den Rest der Bevölkerung die Einkommen stagnieren? Warum müssen Reiche in Deutschland heute prozentual weniger Steuern zahlen als noch vor 20 Jahren, die Mittelschicht hingegen mehr? Warum finden sich unter den 100 reichsten Deutschen mehrheitlich die Erben großer Vermögen, aber kaum noch Pionierunternehmer, die ihr Geld selbst verdient haben? Und vor allem: Was ließe sich daran ändern?

2. Frage nicht, was die Nation für die Millionäre tut! Frage, was die Millionäre für die Nation tun!

Zwei Enklaven nennt die Freie und Hansestadt Hamburg ihr Eigen. Bei der einen, der offiziellen, handelt es sich um die Insel Neuwerk. Sie liegt vor Cuxhaven im niedersächsischen Wattenmeer. Die zweite, inoffizielle Enklave liegt in der Dorfstraße 50 im winzigen Schweizer Örtchen Schindellegi. Hier, zwischen Almwiesen und Zürichsee, hat der Logistikkonzern Kühne + Nagel seinen Firmensitz; in einem Stahl- und Glasbau, auf dessen Bürofluren man sich ganz selbstverständlich mit »Moin« grüßt.

Über der Tür, durch den Konzernlenker Klaus-Michael Kühne den Besprechungsraum betritt, hängt ein Foto seines Vaters Alfred Kühne, der mit strengem Blick auf uns hinabschaut. Eine passende Symbolik. Es war Vater Alfred, der Mitte der Siebzigerjahre beschloss, den Firmensitz nach Schindellegi zu verlegen. Die sozialliberale Koalition hatte ihren Entwurf zum Mitbestimmungsgesetz vorgelegt. In allen Großunternehmen sollten fortan die Arbeitnehmer die Hälfte der Aufsichtsratsmitglieder wählen. Für Alfred Kühne markierte dies den Beginn des Sozialismus. Bei den Eidgenossen wähnte er sich vor solchen Machenschaften sicher. Zusätzlich wollte er von den besonders niedrigen Einkommensteuersätzen im Kanton Schwyz profitieren. Also verlegte er auch den Wohnsitz seiner Familie hierher.

Bis heute hat sein Sohn diesen Schritt nicht rückgängig gemacht. »Ach, nach über 30 Jahren fühle ich mich auch am Zürichsee zu Hause«, sagt Kühne im Konferenzraum in Schindellegi und wirft einen raschen Blick auf das Porträt seines Vaters über der Tür. Zusammen mit seiner Frau Christine hat sich Kühne junior einige Kilometer von der Konzernzentrale entfernt ein Haus gebaut. Ein rundum verglastes Rondell auf 800 Meter Höhe über dem Zürichsee. In älteren James-Bond-Filmen versteckt sich in solchen Häusern die geheime Kommandozentrale des Bösewichts.

Doch das Geheimnisvollste, was es in Kühnes Haus zu entdecken gibt, sind ein Swimmingpool im Keller und ein Tennisplatz im Garten. Und die eine oder andere Erinnerung an Kühnes norddeutsche Heimat. Zum Beispiel das Gemälde über dem Kamin im Wohnzimmer: Es zeigt einen Schiffsbrand und hing früher im Kontor seines Vaters. Daneben besitzt Kühne noch eine Villa auf Mallorca, ebenfalls mit eigenem Tennisplatz, und eine stattliche Motorjacht – Letzteres ein Wunsch, den er seiner Frau erfüllt hat.

Alles in Ordnung also, wenn da nur das Heimweh nicht

wäre. Es gibt wahrscheinlich keinen größeren Hamburg-Fan als Klaus-Michael Kühne. Er fiebert mit bei jedem Spiel des HSV, seit 2010 gehört er auch zu den wichtigsten Geldgebern des Vereins. Als er vor einigen Jahren eine eigene Privathochschule ins Leben rief, die Kühne School of Logistics and Management, da kam nur ein Standort infrage: die neu errichtete Hamburger Hafencity, wo auch das neue Kühne-Hochhaus steht. Von hier aus werden die 55 000 Mitarbeiter des Konzerns im Tagesgeschäft gelenkt. Kühne gehört auch zu den größten privaten Geldgebern der neuen Elbphilharmonie und beteiligte sich zusammen mit einem Investorenkonsortium an der Hamburger Schifffahrtsgesellschaft Hapag-Lloyd.

Gut, Letzteres mag noch als nüchterne kaufmännische Entscheidung durchgehen: Kühne wollte verhindern, dass Hapag-Lloyd nach Asien verkauft wird. Doch auch hier spielten Gefühle wohl eine Rolle. Warum sonst gab sich das von Kühne geführte Hapag-Rettungskonsortium den geschichtsträchtigen Namen »Albert Ballin«?

Albert Ballin war ein Hamburger Selfmademillionär und Schifffahrtsmagnat, der Ende des 19. Jahrhunderts mit billigen Atlantikpassagen für Auswanderer sein Vermögen verdiente. In der feinen hanseatischen Gesellschaft mochte man den neureichen Juden nie so recht akzeptieren. Dabei wollte Ballin nichts lieber sein als ein echter deutscher Patriot unter deutschen Patrioten. 1918 nahm er sich das Leben, aus Kummer über den verlorenen Weltkrieg und den Sturz des geliebten Kaisers.

Der ungeliebte Patriot … Klaus-Michael Kühne ist auch mit Mitte 70 noch ein hünenhafter Mann, dem ein strenger grauer Scheitel, markante Falten um den Mund und eine mächtige Hornbrille die unnahbare Aura des klassischen Industriekapitäns verleihen. Einer wie Kühne spricht nicht gern über Gefühle. Doch wenn es um die Beziehung zu seiner norddeutschen Heimat geht, merkt man schon, wie es in ihm arbeitet.

Wenn Kühne alle paar Wochen nach Hamburg reist, dann führt er das Leben eines Flüchtlings im Reichtum. Er wohnt in einem anonymen Kettenhotel, joggt morgens um die Außenalster, absolviert seine Gremiensitzungen im Ballin-Konsortium, schaut in der Hafencity vorbei und fliegt spätestens nach ein paar Tagen zurück nach Zürich. Ein allzu langer Aufenthalt in Deutschland oder die kleinsten Anzeichen eines Zweitwohnsitzes in Hamburg könnten dazu führen, dass Kühne wieder in Deutschland steuerpflichtig wird. Ein Umstand, den Kühne um jeden Preis vermeiden möchte.

Als vor einigen Jahren seine Mutter starb, verkaufte Kühne sogar sein Hamburger Elternhaus. »Das fiel mir schon schwer«, sagt er leise, und dies wird seine emotionalste Äußerung während unseres Gesprächs bleiben.

Die Differenz zwischen den deutschen und den Schwyzer Steuersätzen würde für Kühne einige Millionen Euro pro Jahr betragen. Viel Geld einerseits. Andererseits nicht besonders viel Geld, wenn man wie Kühne geschätzt vier Milliarden Euro besitzt und keine Kinder hat, an die man das Vermögen weiterreichen könnte.

Wäre es da nicht schöner, den Lebensabend in der Heimat zu verbringen?

Wieder blickt Kühne kurz auf das Porträt seines Vaters über der Tür, dann sagt er: »Ich habe nichts gegen Steuern. Ich hätte nur gern das Gefühl, dass sie für die richtigen Dinge ausgegeben werden.«

Da ist es wieder, jenes Motiv, das uns schon häufiger im Verlauf des Buches begegnet ist: Die reichen Deutschen haben weniger ein Problem mit der Höhe der Beträge, die sie an die Allgemeinheit abgeben sollen, als vielmehr mit der Tatsache, dass sie nicht darüber entscheiden können, wofür der Staat dieses Geld ausgibt. Während die Oberschicht, so ihr vorherrschendes Selbstbild, hart arbeitet, um ihr Vermögen für die nächste Generation zu mehren und zu wahren, verstößt der deutsche Staat in ihren Augen unablässig gegen dieses Nachhaltigkeitsdogma. Anders als im eigenen Unternehmen können die Reichen diesen permanenten Affront auch nicht einfach mit einem Telefonanruf abstellen.

Die meisten deutschen Millionäre nehmen ihre gefühlte Machtlosigkeit mehr oder weniger zähneknirschend in Kauf. Andere versuchen durch die Gründung einer gemeinnützigen Stiftung wieder die Verwendungshoheit über jene Mittel zu erlangen, die sie der Gesellschaft zukommen lassen. Eine kleine Minderheit jedoch macht es wie Kühne: Sie verlässt Deutschland und zieht dorthin, wo die Steuersätze generell niedriger sind oder Ausländer ihre Steuerzahlungen sogar frei mit dem örtlichen Finanzamt aushandeln können – so wie im Kanton Schwyz.

Solche Wohlstandsexilanten wurden nicht in der Sinus-Oberschichtstudie berücksichtigt, und doch bilden sie so etwas wie ein siebtes Oberschichtmilieu. Eine Gruppe von Millionären oder gar Milliardären, die in der ganzen Welt verstreut lebt, in der Schweiz, in Österreich, in London oder Monaco, und die ein gemeinsames Merkmal aufweist: Die meisten dieser Menschen haben Deutschland zwar äußerlich den Rücken gekehrt – doch innerlich haben sie keineswegs mit ihrer alten Heimat abgeschlossen.

Einige kämpfen mit gemeinnützigem Engagement um Anerkennung und vielleicht ein Stück Unsterblichkeit, so wie Klaus-Michael Kühne – oder der 2008 verstorbene Klaus Jacobs.

Nachdem der gebürtige Bremer Jacobs seine gleichnamige Kaffeerösterei an einen US-Konzern verkauft hatte, zog Jacobs ins für reiche Ausländer äußerst steuergünstige England. Hier züchtete er fortan Rennpferde und investierte sein Vermögen in neue Unternehmensbeteiligungen.

Doch ähnlich wie Kühne drängte es auch Jacobs mit zuneh-
mendem Alter, in seiner Heimatstadt Spuren zu hinterlas-
sen. 2006 ließ er der finanziell völlig verausgabten Bremen
International University über seine gemeinnützige Stiftung
200 Millionen Euro zukommen, die Stiftung übernahm im
Gegenzug zwei Drittel der Gesellschaftsanteile der bis dato
landeseigenen Hochschule (deren Bau übrigens aus Steuergeldern finanziert worden war).

Kurz darauf, man soll es mit der hanseatischen Bescheidenheit ja nicht übertreiben, firmierte die Hochschule um
in »Jacobs University Bremen«. Eine Sichtbarkeit seines Namens, die Jacobs niemals erlangt hätte, wenn er einfach nur
all die Jahre seine Steuern in Bremen gezahlt hätte. Ebenso
wie der Hamburger Senat Kühne sicher nicht den Ehrenti-
tel »Professor« verliehen hätte, wenn Kühne sein Geld dem
Hamburger Finanzamt hätte zukommen lassen.

Erst ins Ausland gehen und dann Almosen auf seine alte
Heimat regnen lassen: aus kaufmännischer Sicht eine durchaus rationale Strategie, um vom Staat mehr für sein Geld
zu kriegen als einen Steuerbescheid auf grauem Recycling-
papier.

Nun herrscht über die gesellschaftliche Nützlichkeit einer Hochschule weitgehend Konsens. Ganz anders sieht es
jedoch bei jener Form des gesellschaftlichen Engagements
aus, die sich der gleichfalls steuerflüchtige Baron August von
Finck auf die Fahnen geschrieben hat. In Umkehrung eines
alten 68er-Slogans versucht der Baron das bundesrepublika-
nische System von außen heraus zu ändern – und zwar in
eine ganz bestimmte Richtung: »Rechts vom Gustl steht bloß
noch der Dschingis Khan«, konstatierte einst Fincks Freund,
der Bankier Ferdinand Graf von Galen.

Wie Kühne wuchs auch Finck, Jahrgang 1930, im Schatten
eines dominanten Vaters auf, der bis zu seinem Tod im Jahr
1980 sogar als reichster Deutscher überhaupt galt. Neben

dem Münchner Bankhaus Merck Finck & Co gehörten Finck senior zahlreiche Beteiligungen an Großkonzernen wie der Allianz, der Münchener Rückversicherungs-Gesellschaft, der Löwenbräu-Brauerei und nicht zuletzt 4000 Hektar Wald und Ackerland.

Bei der Aufteilung des Erbes machte August den besten Schnitt: In den Jahren nach dem Tod des Vaters übernahm er die wertvollen Industriebeteiligungen, überließ seinem Bruder Wilhelm das Land und speiste seinen Halbbruder Helmut, der damals als Bhagwan-Jünger in Oregon lebte, mit vergleichsweise lächerlichen 65 Millionen Mark ab. Ein Umstand, der bis heute für Rechtsstreitigkeiten sorgt.

Im Laufe der Jahre nun verkaufte August Fink jr. seine Beteiligungen in Deutschland und erwarb stattdessen nach und nach alle Anteile am Schweizer Gastronomiekonzern Mövenpick. Privat hat Finck seit vielen Jahren seinen Hauptwohnsitz ebenfalls in der Schweiz, er residiert auf Schloss Weinfelden im Kanton Thurgau.

Der unternehmerische wie private Wechsel in die Schweiz erfolgte nicht allein unter Steuergesichtspunkten. Was Deutschland angeht, ist Finck von tiefem Kulturpessimismus ergriffen: Mit Franz Josef Strauß' Tod im Jahre 1988, befand der Baron einmal, habe die deutsche Politik ihren letzten Hoffnungsträger eingebüßt. Eine Erkenntnis, die ihn nicht davon abhielt, in den folgenden Jahren eine ganze Reihe von Parteien und Politikern zu unterstützen, sofern sie ihm nur rechts genug erschienen: Umgerechnet 4,3 Millionen Euro flossen von Finck an Manfred Brunner und seine Bewegung *Bund freier Bürger,* die vor allem gegen die Einführung des Euro kämpfte.[120] Als Edmund Stoiber 2002 Kanzlerkandidat war, ließ Finck der CSU über allerlei Firmen, die öffentlich kaum mit Finck in Verbindung gebracht wurden, mehr als anderthalb Millionen Euro zukommen. Für den Landtagswahlkampf 2008 der CSU spendete er 820 000 Euro.

Meinen Recherchen zufolge steckte Finck auch als anonymer Hauptfinanzier hinter dem *Bürgerkonvent* um den Bonner Sozialwissenschaftler und Kulturpessimisten Meinhard Miegel, der mit dem Konvent eine »bürgerliche APO« formieren wollte, die gegen die rot-grüne Bundesregierung auf die Barrikaden gehen sollte wie einst Rudi Dutschke gegen die Regierung Kiesinger. Daraus wurde nichts, denn der Konvent der Nadelstreifen-Bürger stritt fortan vor allem um das Zugriffsrecht auf Baron von Fincks üppige Spenden und versank erst im Chaos, dann in der Bedeutungslosigkeit.[121]

Womit wir bei der vorerst letzten und spektakulärsten Zuwendung von Finck (geschätztes Gesamtvermögen: 4,2 Milliarden Euro) an die deutsche Politik angelangt wären. Im Laufe des Jahres 2009 ließ er, wiederum über eine kaum bekannte Firma aus seinem Imperium, insgesamt 1,1 Millionen Euro an die FDP überweisen. Wenig später senkte die schwarz-gelbe Koalition auf Drängen der FDP und der in der Vergangenheit ebenfalls von Finck bedachten CSU den Umsatzsteuersatz für Übernachtungen in Hotels von 19 auf 7 Prozent – wovon Finck als Eigentümer der Mövenpick-Hotels natürlich maßgeblich profitierte.

Womit wir beim Kern des Problems wären: Mit Geld lässt sich in Deutschland politischer Einfluss erkaufen.

Natürlich bedingen Parteispenden nicht in jedem Fall, dass politische Entscheidungen in die gewünschte Richtung fallen. So direkt wie bei der Mehrwertsteuersenkung für die Hoteliers lässt sich der zeitliche Zusammenhang – Entscheidung folgt auf Spende – nur selten herstellen. Und selbst in diesem Fall gibt es für eine direkte Kausalität – Spende gegen Steuersenkung – keinen Beleg.

In der Regel verläuft der Einfluss, der sich mit Geld erkaufen lässt, ein bisschen indirekter, nämlich über die Ressource Zeit. Wer großzügig an politische Parteien spendet, erwirbt laut einem ungeschriebenen Gesetz im deutschen Politikbetrieb ein wichtiges Privileg: Ihm wird auch von Spitzenpolitikern mit vollgepacktem Terminkalender ein Gesprächswunsch nicht verwehrt. Da sich ein Bundesminister oder Ministerpräsident, von der Bundeskanzlerin ganz zu schweigen, aus Zeitgründen nur eine begrenzte Zahl von Meinungen zu einer Sachfrage anhören kann, stellt der durch Spenden erkaufte direkte »Zugang« einen wichtigen Machtfaktor dar.

Auch dieser indirekte Zusammenhang – Geld erkauft Zugang, Zugang verschafft Macht – wird von Politikern wie Parteispendern meist bestritten. Aber warum sonst sollten Unternehmen und Wirtschaftsverbände so fleißig an Parteien spenden? »Es würde ja an Untreue grenzen, wenn der Vorstand eines börsennotierten Unternehmens Geld verschenkt, ohne sich einen konkreten wirtschaftlichen Vorteil davon zu versprechen«, konstatiert zu Recht der Staatsrechtsprofessor und Parteienkritiker Hans Herbert von Arnim.[122]

Ihren mutmaßlich größten politischen Einfluss üben die wohlhabenden Steuerflüchtlinge jedoch auf einem noch indirekteren Weg aus. Obwohl nur ein verschwindend kleiner Teil der deutschen Oberschicht tatsächlich aus Steuergründen ins Ausland umgezogen ist, prägt die Minderheit der Exilanten die steuerpolitische Debatte in Deutschland. Immer, wenn es um Steuern geht, die man Gutverdienern oder Vermögenden auferlegt (oder eben nicht auferlegt), schwingt die Furcht mit: Wenn wir die Reichen nicht schonend behandeln, dann sind sie morgen weg – und wir haben noch weniger Steuereinnahmen. Diese Sorge manifestiert sich in der bereits erwähnten Äußerung von Peer Steinbrück, es sei besser, »25 Prozent auf X zu bekommen als 42 Prozent auf gar nix«. Damit begründete der damalige Finanzminister Steinbrück, dass Kapitalerträge seit 2009 künftig nur noch mit pauschal 25 Prozent versteuert werden müssen statt mit dem persönlichen Einkommensteuersatz.

Steinbrücks Satz heißt im Klartext: Wenn wir den Reichen

bei der Kapitalertragssteuer nicht entgegenkommen, dann entziehen sie einen noch größeren Teil ihres Vermögens der Besteuerung in Deutschland. Entweder auf legalem Weg, indem sie selbst ins Ausland umziehen. Oder indem sie einen Teil ihres Vermögens ins Ausland schaffen und die Kapitalerträge in Deutschland nicht versteuern – das illegale, aber dennoch verbreitete Modell Zumwinkel.

Bei allen Steuerdebatten, die in Deutschland in den letzten 20 Jahren geführt wurden, schwang immer die unterschwellige Furcht mit: Man darf die da oben nicht zu stark belasten, sonst sind sie weg – oder zumindest ihr Geld. Nicht nur bei der Reform der Kapitalertragssteuer spielte dieses Motiv eine Rolle, sondern auch bei der schrittweisen Absenkung des Spitzensteuersatzes in der Einkommensteuer von 56 Prozent unter Helmut Kohl auf 42 Prozent unter Gerhard Schröder.[123]

Das gleiche Bild bei der Vermögensteuer. Diese jährliche prozentuale Abgabe aufs Vermögen, unabhängig von dessen Ertrag, wurde 1995 vom Bundesverfassungsgericht für verfassungswidrig erklärt und daraufhin ausgesetzt. Verfassungswidrig war allerdings nur die ungleiche steuerliche Behandlung von verschiedenen Vermögensbestandteilen wie Firmenanteilen, Sparkonten und Immobilien. Dennoch wurde die Vermögensteuer bis heute nicht wieder in Kraft gesetzt – wiederum aus der Furcht heraus, damit die Abwanderung gerade großer Vermögen ins Ausland voranzutreiben.

Das gleiche Bild bei der Erbschaftssteuer: Wer ein Familienunternehmen an seine Nachkommen übergibt, muss seit 2009 keine Erbschaftssteuer mehr zahlen, sofern er ein paar Bedingungen einhält.[124] Eine äußerst kulante Regelung, die nicht zuletzt deshalb durchgesetzt wurde, weil die bereits in Kapitel 2 erwähnte Stiftung Familienunternehmen eine massive Lobbykampagne startete und einige Unternehmer ultimativ mit Abwanderung drohten, falls ihre Forderungen nicht berücksichtigt würden.[125]

Diese Abwanderungsgefahr dürfte mit der faktischen Abschaffung der Erbschaftssteuer für Familienunternehmen vorerst gebannt sein. Doch zugleich ist mit der Neuregelung auch jede Hoffnung geschwunden, dass dem Staat ein nennenswerter Anteil jener 200 Milliarden Euro zufließen könnte, die in Deutschland jedes Jahr vererbt werden. Das Erbschaftssteueraufkommen betrug 2009 in Deutschland gerade 4 Milliarden Euro. Das entspricht einem durchschnittlichen Steuersatz von gerade mal 2 Prozent der Erbschaftssumme.

Hinter all diesen Steuersenkungen für Reiche stand eine herrschende Meinung, die man etwa so zusammenfassen kann: Vorsicht, die Globalisierung! Wir dürfen den Reichen und Gutverdienern bloß nicht zu viele Steuern oder andere Mühsal zumuten, sonst machen sie sich ruck, zuck mitsamt ihren Arbeitsplätzen vom Acker.

Derzeit kippt die Stimmung wieder in die andere Richtung. Vor allem die Vermögen der Reichen waren es, so der nun vorherrschende Tenor, die in der Finanzkrise mit Staatshilfe gerettet wurden. Jetzt sollen sich die Reichen auch an den Kosten der Rettung beteiligen. Selbst der Wirtschaftsrat der CDU, sozialistischer Umtriebe weitgehend unverdächtig, fordert inzwischen einen höheren Steuersatz für Spitzenverdiener.

Ja, aber was stimmt denn nun? Steuert das reichste eine Prozent der Deutschen, um das es in diesem Buch geht, über ihre Steuern genug zum deutschen Gemeinwesen bei? Müsste es mehr sein? Oder werden die Millionäre bereits jetzt unangemessen stark zur Kasse gebeten, wie vermutlich Finck, Kühne und all die übrigen Steuerflüchtlinge beklagen würden?

Beim ersten Hinsehen erscheint der Gedanke geradezu absurd, dass die Reichen in Deutschland zu wenig Steuern zahlen könnten. Bereits ein flüchtiger Blick auf die wichtigste Einnahmequelle des Staates, die Einkommensteuer, scheint das Gegenteil zu belegen. Die oberen zehn Prozent der Einkommensbezieher in Deutschland sorgen für die Hälfte des

Aufkommens bei der Einkommenssteuer. Die gesamte untere Hälfte der Einkommensbezieher erbringt hingegen deutlich weniger als ein Zehntel des Aufkommens bei der Einkommensteuer. Wer in Deutschland mehr als 250 000 Euro pro Jahr verdient, muss in Deutschland für jeden zusätzlich verdienten Euro fast 50 Cent an den Staat abgeben – wenn man die Kirchensteuer und den Solidaritätszuschlag zur Einkommensteuer hinzurechnet. Wer pro Kopf und Jahr 8000 Euro oder weniger verdient, ist ganz von Steuerzahlungen befreit. Nur die Hälfte aller deutschen Haushalte zahlt überhaupt Einkommensteuer.

Da die Einkommensteuer wiederum rund ein Drittel der Steuereinnahmen ausmacht und zusammen mit der Umsatzsteuer die wichtigste Finanzierungsquelle des Staates überhaupt darstellt, lässt sich ganz nüchtern konstatieren: Ohne die da oben, die oberen zehn Prozent der Einkommensbezieher, würde unser Gemeinwesen sofort zusammenbrechen.

Wie kann einer wie Markus Grabka da behaupten: »Wenn sich die Rahmenbedingungen nicht ändern, wird die Ungleichheit in Deutschland sicherlich weiter zunehmen.«[126] Ist der Mann womöglich Kommunist?

Meines Wissens nicht. Grabka, kahler Schädel, Nickelbrille, Fliege, arbeitet beim Deutschen Institut für Wirtschaftsforschung (DIW) in Berlin. Er erforscht bereits seit vielen Jahren die Verteilung von Einkommen und Vermögen in Deutschland, schreibt regelmäßig mit an den Armutsund Reichtumsberichten der Bundesregierung. Grabkas empirischer Befund ist eindeutig: Die Ungleichheit in unserem Land nimmt zu.

Bereits heute besitzt das reichste eine Prozent der Deutschen, also jene Gruppe, um die es in diesem Buch geht, ein Viertel aller Vermögenswerte.[127] Die ärmere Hälfte der Bevölkerung besitzt im Schnitt keinerlei Vermögen.[128] Damit steht Deutschland international gesehen vergleichsweise egalitär dar, in den USA ist die Verteilung der Vermögen noch viel ungleicher.[129] Doch langsam und allmählich geht die Schere auch in Deutschland immer weiter auseinander: Zwischen 2002 und 2007, dem zuletzt von Grabka untersuchten Zeitraum, konnten nur die oberen zehn Prozent der Bevölkerung ihren Anteil am Gesamtvermögen steigern, von 58 auf 61 Prozent. Die gesamte übrige Bevölkerung hat prozentual gesehen an Vermögen eingebüßt.[130]

Eine seltsame Diskrepanz: Während das Einkommensteuersystem wie eine mächtige Pumpe das Geld bei den oberen zehn Prozent der Einkommensbezieher absaugt und über die Staatsausgaben nach unten umverteilt, scheint das Geld anschließend in versteckten Kapillaren zu den reichsten zehn Prozent zurückzufließen.

Des Rätsels Lösung liegt in der Unterscheidung zwischen Arbeitseinkommen und Einkommen aus Vermögen. Die Einkommensteuer ist in Wahrheit eine Arbeitssteuer, hier langt der Staat vergleichsweise kräftig hin. Bei der Besteuerung von Vermögen drückt er hingegen anderthalb Augen zu. »Vermögen kann zum Beispiel über Zinseinkünfte selbst eine wesentliche Quelle des laufenden Einkommens sein«, sagt Grabka.[131] Gleichzeitig werde aber solches Einkommen aus Vermögen steuerlich gegenüber Erwerbseinkommen bevorzugt – vor allem durch die seit 2009 gültige pauschale Abgeltungssteuer auf Kapitalerträge von 25 Prozent. Grabkas Fazit: »Wenn man ein gerechteres Steuersystem anstreben würde, müsste man alle Einkommensarten mit dem gleichen Steuersatz belegen.«[132]

Doch davon sind wir in Deutschland weiter entfernt denn je. Die Kapitalertragssteuer wurde auf pauschal 25 Prozent gesenkt, die Vermögensteuer ausgesetzt, die Erbschaftssteuer für Familienunternehmen faktisch abgeschafft: Finanziell gesehen war es in Deutschland nie angenehmer als heute, reich zu sein. Durch seinen Schritt ins Ausland hat Baron von

Finck der Politik effektiver Beine gemacht als durch all seine Parteispenden oder Stiftungsaktivitäten. Die Furcht, dass sich noch mehr große Vermögen mitsamt ihren Besitzern in irgendwelche Steueroasen verkrümeln könnten, hat maßgeblich dazu geführt, dass Kapitalerträge, Vermögen und Erbschaften heute deutlich geringer besteuert werden als noch zu Zeiten von Helmut Kohl.

Mit unvermeidlichen Folgen: Zwischen 1999 und 2009 sank der Anteil der Erwerbseinkommen am Gesamteinkommen in Deutschland von 70 auf 61 Prozent, im gleichen Ausmaß stieg der Anteil der Kapitaleinkünfte. Diese Spreizung wird sich fortsetzen: Je niedriger die Kapitaleinkünfte besteuert werden, desto stärker wachsen durch Zinseszinseffekte die dahinterstehenden Vermögen, desto größer wird der Anteil der Kapitaleinkünfte am gesamten Volkseinkommen, und so weiter.

Falls nicht ein Krieg (unwahrscheinlich) oder eine schwere Wirtschaftskrise (nicht ganz so unwahrscheinlich) große Teile des angehäuften privaten Reichtums vernichten, dann werden die Einkommen aus Arbeit möglicherweise schon in zehn Jahren weniger als die Hälfte des gesamten Volkseinkommens ausmachen. Wenn jetzt quer durch alle Parteien darüber diskutiert wird, ob wir wieder einen höheren Spitzensteuersatz in der Einkommensteuer brauchen, um die Oberschicht angemessen an den Kosten für die Bewältigung der Finanzkrise zu beteiligen, dann geht das am eigentlichen Problem vorbei. Eine solche höhere Besteuerung von Arbeitseinkommen würde die wahre Oberschicht, nämlich die Besitzer großer Vermögen, gar nicht tangieren.

Der schonende steuerliche Umgang mit großen Vermögen lässt nicht nur die Finanzierungsbasis des Staates zunehmend erodieren, er stellt auch einen eklatanten Verstoß gegen das Gebot der Leistungsgerechtigkeit dar, das ja gerade Angehörige der Oberschicht gerne postulieren. Ein Prozent der deutschen Kinder dürfte in den kommenden Jahrzehnten ein Viertel des gesamten Vermögens in Deutschland erben – und wird darauf kaum Steuern zahlen müssen.[133] Ein Drittel aller Kinder wird hingegen von seinen Eltern gar nichts erben und kann bestenfalls durch hoch besteuerte Arbeit zu Wohlstand gelangen.

Doch selbst dieser Aufstieg durch Arbeit gestaltet sich für die Kinder aus der ärmeren Hälfte der Bevölkerung vergleichsweise steinig. Zum einen sind sie gegenüber den Millionärskindern gehandicapt durch ihre schlechteren Chancen im deutschen Bildungssystem. Zum anderen fehlt ihnen meist der spezifische Oberschichthabitus, der unabhängig vom Bildungsabschluss für die wirklich lukrativen Positionen als Vorstand oder Geschäftsführer eine faktische Zugangsvoraussetzung darstellt.

Es sollte uns nachdenklich stimmen, dass inzwischen eine ganze Reihe von reichen Deutschen (und zwar bevorzugt jene, die sich ihr Vermögen als Schumpeter'sche Pionierunternehmer selbst erarbeitet haben) für eine Neuauflage der Vermögensteuer eintreten. So zum Beispiel der Drogeriemarktgründer Dirk Roßmann (geschätztes Vermögen: 600 Millionen Euro) oder Dietmar Hopp, Mitgründer des Softwarekonzerns SAP (5 Milliarden Euro).

Auch Jürgen Hunke, der konfliktfreudige ehemalige Versicherungsmakler, mit dem dieses Buch begann, warnt mittlerweile vor einem »feudalistischen Kapitalismus«: »Die Gefahr ist, dass einige Großkapitalisten nicht die Grundsätze der derzeitigen Demokratie akzeptieren und meinen, sie müssen durch Kapitalkraft einen anderen Stellenwert in unserer Gesellschaft haben.« Hunke fordert eine drastische Erhöhung der Erbschaftssteuer: »Von der Geburt bis zum Tod soll der Mensch alle Freiheiten haben und, wie ich finde, weniger Steuern zahlen. Aber wenn das Leben beendet ist, darf es nicht sein, dass noch drei Generationen von dem Geld der Erbschaft leben können.«[134]

Nun wollte ich mit diesem Buch kein politisches Manifest für oder gegen neue Steuern abliefern, sondern in erster Linie eine genaue Beschreibung der deutschen Oberschicht. Und es ist hoffentlich deutlich geworden: Wir sind in Deutschland mit unseren Millionären gar nicht so schlecht bedient – zumindest im internationalen Vergleich. Die Reichen in Deutschland geben sich nur selten einem derart ostentativen Luxuskonsum hin wie ihre Standesgenossen in anderen Weltregionen. Auch reiche Müßiggänger gibt es in Deutschland kaum. Die deutsche Oberschicht definiert sich quer durch alle Milieus vor allem über ihre Arbeit. Diese Arbeit kann in der Führung eines Unternehmens bestehen, das man selbst aufgebaut oder (immer häufiger) geerbt hat, oder im gesellschaftlichen Engagement, dem die Reichen am liebsten in ihrer eigenen gemeinnützigen Stiftung nachgehen.

Nabobs wie der längst verstorbene Krupp-Erbe und Playboy Arndt von Bohlen und Halbach bilden ein von den Medien gerne bedientes Klischee. In der Realität der deutschen Oberschicht spielen sie keine Rolle.

Auch den viel zitierten »armen Reichen« bin ich nicht begegnet, jenen angeblich so zahlreichen Unglücksraben, für die ihr Besitz eine Last darstellt und die sich nach einem ganz normalen Leben sehnen. Die Millionäre, die ich kennengelernt habe (und diese Erfahrung deckt sich mit den Ergebnissen der Sinus-Studie), kommen sehr gut mit ihrem Reichtum klar. Sie betrachten ihn ohne Ausnahme als wohlverdient und akzeptieren zugleich, dass mit Besitz gesellschaftliche Verantwortung einhergeht. Auch genießen viele Reiche die Vorzüge, die ihnen die noch immer vergleichsweise egalitäre deutsche Gesellschaft verschafft: Man kann in Deutschland auch als Multimillionär ohne Wachpersonal leben und seine Kinder ohne Bedenken auf (die richtigen) öffentlichen Schulen schicken.

Nein, ums Wohl unserer Millionäre müssen wir uns keine Sorgen machen, denen geht es gut in Deutschland.

Sorgen müssen wir uns eher darüber machen, wie es uns mit den Millionären geht.

Das derzeitige Steuersystem wird uns mutmaßlich innerhalb einer Dekade in eine Gesellschaft führen, in der nur noch eine Minderheit des Volkseinkommens durch Arbeit generiert wird, die Mehrheit hingegen durch Kapitaleinkünfte aus Vermögen. Vermögen, das sich wiederum immer stärker aufs obere Prozent der Bevölkerung konzentriert. Es wäre naiv zu glauben, dass mit dieser Verschiebung der Einkommens- und Vermögensstrukturen nicht auch eine Verschiebung von politischer Macht einherginge – und zwar zugunsten der deutschen Millionäre.

Und auf eines können wir uns verlassen: Die reichen Deutschen werden ihren wachsenden politischen Einfluss zu nutzen wissen. Die Bereitschaft zur Machtausübung gehört geradezu zwingend zum typischen Oberschicht-Habitus, zu jener in diesem Buch mehrfach beschriebenen Mischung aus Selbstbewusstsein, Gestaltungswillen und Fortschrittsglauben.

Das deutsche Steuersystem wiederum fördert nicht nur die Massierung immer größerer Vermögen in immer weniger Händen, es gewährt auch großzügige Möglichkeiten, Geld steuerbegünstigt in politischen und gesellschaftlichen Einfluss umzurubeln: durch steuerbefreite Großspenden an Parteien oder politiknahe gemeinnützige Institutionen oder durch die eigene Stiftung.

Was würden die reichen Deutschen anders machen, wenn sie in der Politik das Sagen hätten? Das lässt sich an den Projekten ablesen, die sie schon heute bevorzugt mit ihren Spenden unterstützen oder durch ihre Stiftungen fördern lassen. In der Hand der Millionäre würde Deutschland vermutlich sehr rasch zu einem Land mit mehr gefälliger Hochkultur (Elbphilharmonie) und mehr wirtschaftsnahen Elitehochschulen (Jacobs University). Die Hartz-IV-Empfänger hingegen sollten eher nicht auf eine Anpassung ihrer Regelsätze hoffen – zumindest nicht nach oben. Denn die Millionäre würden mehrheitlich dafür sorgen wollen, dass wieder mehr Leistungsgerechtigkeit in Deutschland herrscht. Wobei diese Forderung keinesfalls beinhaltet, dass auch die Erbschaftssteuersätze steigen müssen.

Bislang sind wir in Deutschland weit von US-amerikanischen Verhältnissen entfernt. Dort sind die Vermögen noch stärker in den Händen einer kleinen Geldaristokratie konzentriert, und noch stärker als in Deutschland bestimmt diese Oberschicht die Politik: Über massive Spenden baut man gezielt Politiker auf, die wiederum die Grundlagen des eigenen Einkommens absichern, indem sie Steuererhöhungen, Finanzmarktregulierung oder ähnlichen Unfug abblocken. Der konservative US-Historiker und Philosoph Francis Fukuyama (»Das Ende der Geschichte«) interpretiert das politische System der USA inzwischen als eine Plutokratie neuen Typs: In einer klassischen Plutokratie haben die Reichen selbst die Macht übernommen. In den USA hingegen, so Fukuyama, habe sich zwar keine direkte Herrschaft der Oberschicht herausgebildet, wohl aber eine Herrschaft *für* die Reichen, in der finanzielle Lasten systematisch von großen Unternehmen und den Vermögenden auf die Allgemeinheit abgewälzt werden.[135] Anschließend mehren die Reichen ihr gesellschaftliches Renommee, indem sie Almosen an die Verlierer dieser Politik verteilen lassen: Statt Rechtsanspruch auf Sozialhilfe gibt's warme Suppe von den Rotarier-Damen.

»Eigentum verpflichtet. Sein Gebrauch soll zugleich dem Wohle der Allgemeinheit dienen.« Die meisten reichen Deutschen stimmen dem Artikel 14 des Grundgesetzes uneingeschränkt zu und leben auch danach. Doch was ist das Wohl der Allgemeinheit? Die Definitionsmacht hierüber darf ein demokratischer Staat nicht den Millionären überlassen – sonst sind die amerikanischen Verhältnisse nicht mehr weit entfernt.

Dank

Für die viele Hilfe, die ich bei der Arbeit an diesem Buch erfahren habe, danke ich:

Matthias Beilken
Sven Böll
Lutz Dursthoff
Helene Endres
Maren Hoffmann
Thomas Perry
Katja Ploch
Klaus Rickens
Stéphanie Souron
Victoria Strathon
Wolfgang Uchatius
Klaus Werle
Heike Wilhelmi

Anmerkungen

1 nn: »Abends mit Biß«, *Der Spiegel*, 21. März 1983, S. 75

2 nn: »Hunke ausgeschlossen?«, *Hamburger Abendblatt*, 21. Januar 2004, S. 11

3 Steinbach, Dirk: »Heikler Machtkampf an der Sandbahn«, *Hamburger Abendblatt*, 15. November 2007, S. 29

4 nn: »HSV-Verdacht: Hinter allem steckt Hunke«, *Bild*, Ausgabe Hamburg, 14. November 2008, S. 23

5 Linnenbrügger, Matthias: »Verlierer des Wahlsonntags: Supporters, Hunke und Schulz«, *Die Welt*, Ausgabe Hamburg, 27. Januar 2009, S. 35

6 Rickens, Christian: »Ganz Oben«, *manager magazin Spezial*, Oktober 2008, S. 98

7 Mittelacher, Bettina: »Hunke, Buddha, Denkmalschutz«, *Hamburger Abendblatt*, 21. Oktober 2004, S. 17

8 Tants, Saskia: »Jürgen Hunke: Aussteiger auf Zeit«, *Hamburger Abendblatt*, 16. März 2000, S. 19

9 Swietczak, Bea: »Der Ex-HSV-Chef ist jetzt Buddhist und führt ein Teehaus«, *Bild*, Ausgabe Hamburg, 16. September 2009, S. 7

10 Platon, Politea, achtes Buch, S. 330, zitiert nach: Velten, Robert: »Die Soziologie der antiken Reichtumsphilosophie«, in: Druyen, Thomas u. a (Hg.): *Reichtum und Vermögen. Zur gesellschaftlichen Bedeutung der Reichtums- und Vermögensforschung*, Wiesbaden (2009), S. 248

11 Platon, Politea, sechstes Buch, S. 495, zitiert nach: Velten, a. a. O., S. 248

12 Für alle Angaben zu Einkommensteuersätzen in Deutschland gilt, dass seit 1991 zusätzlich ein Solidaritätszuschlag erhoben wird, der den derzeitigen effektiven Spitzensteuersatz auf gut 47 Prozent ansteigen lässt.

13 nn: Umfrage in *Der Spiegel*, 25/2010, S. 16

14 Vornbäumen, Axel: »Der Überflieger«, *stern* 29/2009, 9. Juli 2009, S. 28

15 Soweit keine andere Quelle genannt ist, beziehen sich alle Angaben zu Vermögensgrößen in diesem Buch auf das 2010er-Ranking der 500 reichsten Deutschen im *manager magazin* (Boldt, Klaus: »Die 500 reichsten Deutschen«, *manager magazin Spezial*, Oktober 2010, S. 12).

16 Zitiert nach: Engelmann, Bernt, und Günter Wallraff: *Ihr da oben – wir da unten,* Köln (1973), S. 205

17 Brügge, Peter: »Die Reichen in Deutschland«, Teil 1, *Der Spiegel* 37/1966, S. 49

18 Steinbrück, Peer: »Das sensible Nashorn«, Interview in *Capital,* 24. April 2008, S. 108

19 Druyen, Thomas: *Goldkinder. Die Welt des Vermögens,* Hamburg (2007)

20 nn: »Gestorben: Eberhard von Brauchitsch«, *Der Spiegel* 37/2010, S. 161

21 Capgemini, Merrill Lynch (Hg.): *World Wealth Report 2011,* S. 7 (www.capgemini.com/insights-and-resources/by-publication/world-wealth-report-2011/)

22 Selbst Experten der Vermögensforschung überschätzen oft die Rendite, die sich risikofrei langfristig aus einem Vermögen erzielen lässt. So gehen die Soziologen Wolfgang Lauterbach und Miriam Ströing von einer mittleren fünfprozentigen Rendite aus und sehen bereits bei einem Finanzvermögen von 500 000 Euro eine weitgehende Unabhängigkeit vom Erwerbseinkommen erreicht (Ströing, Lauterbach: »Wohlhabend, reich und vermögend – Was heißt das eigentlich?«, in: Druyen, Grundmann, Lauterbach, a. a. O., S. 13 ff., 21). Realistischer erscheint jedoch eine langfristige vierprozentige Bruttorendite, auf die in Deutschland 25 Prozent Kapitalertragssteuer abgeführt werden müssen. Bleiben drei Prozent Nachsteuerrendite, von der wiederum zwei Prozentpunkte als Inflationsausgleich in den Vermögensstock überführt werden müssen – knapp unter zwei Prozent Preissteigerung ist das Ziel der Europäischen Zentralbank für die Eurozone. Bleiben ein Prozent langfristige Nettorendite nach Steuern und Inflationsausgleich. Aus einem Vermögen von 500 000 Euro lässt sich demnach ein langfristiges Netto-Zinseinkommen von lediglich 5000 Euro pro Jahr erzielen.

23 Lauterbach, Wolfgang: »Vermögen in Deutschland: Konzept und Durchführung«, in: Druyen, Thomas u. a (Hg.): *Vermögen in Deutschland. Heterogenität und Verantwortung,* Wiesbaden (2010), S. 29 ff., 31

24 Aus diesem Grund wurde zum Beispiel im sozio-oekonomischen Panel ab 1987 auf die Frage nach der Vermögenshöhe verzichtet – sie führte überproportional häufig zum Abbruch des Interviews. Erst 2002 wurde die Frage wieder aufgenommen, weil man es nach einer Verdoppelung der Fallzahlen für vertretbar hielt, einige Beobachtungen zu verlieren.

25 Kortmann, Klaus: »Vermögen in Deutschland: Die methodische

Anlage der Untersuchung«, in: Druyen u. a. (Hg.): *Vermögen in Deutschland,* a. a. O., S. 14 ff., 16

26 Die Umfrageergebnisse sind veröffentlicht in: Druyen u. a (Hg.): *Vermögen in Deutschland,* a. a. O.

27 Diese methodische Kritik richtet sich vor allem auf die bisweilen schwammige Abgrenzung zwischen einzelnen Milieus: Um verschiedene Cluster aus Schichtzugehörigkeit und Wertorientierung legen die Sozialforscher die Milieus, wobei die Zahl dieser Milieus und ihre genauen Grenzen im Koordinatensystem aus Schicht und Wertorientierung bisweilen willkürlich anmutet. Nicht weniger willkürlich allerdings als die seit jeher übliche Unterscheidung in Ober-, Mittel- und Unterschicht.

28 HypoVereinsbank (Hg.): *Typologie des Erfolgs. Die HVB Wealth Management Studie;* interne Veröffentlichung der HypoVereinsbank ohne Orts- oder Jahresangabe

29 HypoVereinsbank (Hg.): *Klischees verlassen, die Realität verstehen. Wealth Society Report 2010;* interne Veröffentlichung der HypoVereinsbank ohne Orts- oder Jahresangabe

30 Boldt, Klaus: »Die 500 reichsten Deutschen«, a. a. O., S. 12

31 Zitiert nach: Student, Dietmar: »Richter und Riecher«, *manager magazin Spezial,* Oktober 2010, S. 110

32 Zitiert nach: Werle, Klaus: »Ohne Blatt vorm Mund«, *manager magazin,* 12/2008, S. 226

33 So führen in der Sozialstaatssurvey 2006 jeweils rund 80 Prozent der Deutschen Reichtum zurück auf »Beziehungen« und »Ausgangsbedingungen«, 68 Prozent auf »Fähigkeiten« und nur gut die Hälfte auf »harte Arbeit« – fast ebenso viele sehen »Unehrlichkeit« als Ursache von Reichtum. Umfrage zitiert nach: Müller, Henrik: »Panikartige Erregung«, *manager magazin Spezial,* Oktober 2008, S. 115

34 Kramer, Melanie: »Aufstieg aus der Mitte?«, in: Burzan, Nicole, und Peter Berger: *Dynamiken (in) der gesellschaftlichen Mitte,* Wiesbaden (2010), S. 249 ff., 252 ff.

35 Ebd.

36 Zitiert nach: Buchhorn, Eva: »Reich an Bildung«, *manager magazin* 10/2009, S. 162

37 Lohmann, Henning, und C. Katharina Spieß: »Der Trend zur Privatschule geht an bildungsfernen Eltern vorbei«, Deutsches Institut für Wirtschaftsforschung: Wochenbericht 38/2009, 16. 9.2009, S. 640 ff., 642

38 Ebd., S. 644

39 Zitiert nach: Buchhorn, Eva, und Klaus Werle: »Der Abendbrot-Faktor«, *manager magazin Spezial,* Oktober 2009, S. 90

40 Swietczak, Bea: »Gast spannt Sylter Promi-Wirt die Frau aus«, *Bild*, Ausgabe Hamburg, 13. Januar 2010, S. 6

41 Büscher, Wolfgang, und Hanns-Bruno Kammertöns: »Insel der Seligen«, *Die Zeit*, 24. August 2006, S. 11

42 Behrens, Bolke: »Der Kapitän macht sein Besteck«, *Handelsblatt Weekend Journal*, 8. August 2008, S. 9

43 Kramer, Melanie: »Aufstieg aus der Mitte?«, a. a. O., S. 261 ff.

44 Ebd.

45 Für das äußerst treffende Bild vom Gelée Royale, das Oberschichtkinder in ihrer Jugend aufsaugen, danke ich meinem Freund und Kollegen Matthias Beilken.

46 Zitiert nach: Heuer, Jörg: »Vom Widerstand geadelt«, *Hamburger Abendblatt*, 3. November 2010, S. 18

47 Jacobi, Robert: *Die Goodwill-Gesellschaft*, Hamburg (2009), S. 24

48 Ergebnisse einer Umfrage der Bertelsmann-Stiftung, zitiert nach: Wigand, Klaus, u. a.: *Stiftungen in der Praxis*, Wiesbaden (2007), S. 31

49 Kramer, Melanie, und Miriam Ströing: »Reichtum und Übernahme gesellschaftlicher Verantwortung«, in: Druyen u. a.: *Vermögen in Deutschland*, a. a. O., S. 95 ff., 113, 121

50 Laut *Vermögen in Deutschland* bzw. *Sozio-oekonomischem Panel*

51 Die Rechnung weist insofern eine Ungenauigkeit auf, als ich die Spendenhöhe der steuerpflichtigen Bürger mit der durchschnittlichen Einkommenshöhe aller Bundesbürger vergleiche.

52 Jacobi: *Die Goodwill-Gesellschaft*, a. a. O., S. 61

53 Zitiert nach: Wigand u. a.: *Stiftungen in der Praxis*, a. a. O., S. 38

54 Ebd., S. 27

55 Jacobi: *Die Goodwill-Gesellschaft*, a. a. O., S. 58

56 Ebd., S. 191

57 Ebd., S. 100

58 Timmer, Karsten: *Stiften in Deutschland*, Gütersloh (2005), zitiert nach: Jacobi: *Die Goodwill-Gesellschaft*, a. a. O., S. 155

59 Jacobi: *Die Goodwill-Gesellschaft*, a. a. O., S. 101

60 Auch ich nutze die Ressourcen von Stiftungen für meine journalistische Tätigkeit. Das Honorar für Moderatorentätigkeiten pflege ich allerdings zu spenden, um Interessenkollisionen auszuschließen. Die meisten meiner Kollegen beim *manager magazin* halten es ähnlich.

61 Jacobi: *Die Goodwill-Gesellschaft*, a. a. O., S. 153

62 Ebd., S. 208

63 Sauerbier, Michael: »Ich bin Millionär, wer will meine Frau werden«, *Bild.de*, 15. März 2008

64 Bischoff, Katrin: »Dünnes Holz«, *Berliner Zeitung,* 24. Januar 2009, S. 30

65 Wormit, Martin: »Gekaufter Firmenbestatter«, *Berliner Zeitung,* 26. Januar 2009, S. 4

66 Bischoff, Katrin: »Vom Chefsessel auf die Anklagebank«, *Berliner Zeitung,* 15. April 2010, S. 26

67 Zitiert nach: Wittrock, Olaf: »Galas für Gönner«, *Impulse,* März 2005, S. 130

68 Rickens, Christian, und Ursula Schwarzer: »Risse im Printenpalast«, *manager magazin,* Juli 2009, S. 72

69 Bastien, Vincent, und Jean-Noel Kapferer: *The Luxury Strategy: Break the Rules of Marketing to Build Luxury Brands,* London/Philadelphia (2009), S. 142

70 Ebd., S. 118

71 Ebd., S. 97

72 Brügge, Peter: »Die Reichen in Deutschland«, Teil 4: »Wie sie wohnen«, *Der Spiegel* 40/1966, S. 93

73 Brügge, Peter: »Die Reichen in Deutschland«, Teil 5: »Privilegien, Luxus, Lebensstil«, *Der Spiegel* 41/1966, S. 95

74 Brügge, Peter: »Die Reichen in Deutschland«, Teil 3: »Feste Partys und Salons«, *Der Spiegel,* 39/1966, S. 95

75 Falls Sie auf den Geschmack gekommen sind, hier finden Sie den Nobelbesen: http://www.manufactum.de/Produkt/194672/1452708/Besen.html?category=193839

76 Baumann, Uli: »Heim-Vorteil«, *auto-motor-und-sport.de,* 24. Juli 2008

77 Schumpeter, Joseph: *Theorie der wirtschaftlichen Entwicklung. Eine Untersuchung über Unternehmergewinn, Kapital, Kredit, Zins und den Konjunkturzyklus (1912),* Berlin (1997), S. 100 ff.

78 Meck, Georg: »Der Tunnelbohrer«, *Frankfurter Allgemeine Sonntagszeitung,* 26. September 2010, S. 48

79 Rede *Industriepolitische Eckpunkte für eine Zukunft in wirtschaftlichem Wohlstand,* gehalten von Dr. Karl-Theodor Freiherr von und zu Guttenberg, Bundesminister für Wirtschaft und Technologie, anlässlich des Tages der deutschen Industrie am 15. Juni 2009 in Berlin

80 Zitiert nach: *Forum,* Vortragsreihe des Instituts der Deutschen Wirtschaft Köln, Nummer 6, 3. Februar 2004

81 Als Entrepreneure habe ich dabei gezählt (in der Reihenfolge der Vermögensgröße): Karl Albrecht, Dieter Schwarz, Reinhold Würth, Dietmar Hopp, Hasso Plattner, Peter Thiel, Klaus Tschira, Otto Beisheim, Aloys Wobben, Andreas von Bechtolsheim, Karl-

Heinz Kipp, Hans Riegel, Heinz Hermann Thiele, Heinz-Georg Baus, Erich Kellerhals, Willy Strothotte, Reinfried Pohl, Günter Fielmann, Anton Schlecker, Bernard Broermann, Andreas Strüngmann, Thomas Strüngmann, Berthold Leibinger, Bernd Freier, Hans-Werner Hector, Hans-Peter Wild, Lutz Mario Helmig, Peter Unger, Erwin Müller, Siegfried Meister, Helmut Wagner, Walter Droege, Carsten Maschmeyer, Clemens Tönnies

82 Schuster, Jochen, und Tanja Treser: »Wolken über Schlecker-Land«, *Focus* 15/2010, S. 124 ff.

83 Ebd.

84 Grill, Stephanie: »Wir streben gar keine Kundenbindung an«, *Werben und Verkaufen*, 25. Februar 2010, S. 19

85 Werner, Götz: *Einkommen für alle*, Köln (2007); Werner, Götz (mit Adrienne Goehler): *1000 Euro für jeden. Freiheit, Gleichheit, Grundeinkommen*, Berlin (2010)

86 Fischer, Gabriele: »Der Wind muss aus der Gesellschaft kommen«, *brand eins* 1/2009, S. 116

87 Meck, Georg, und Bettina Weiguny: »Stuttgarts Halbhöhe sortiert sich neu«, *Frankfurter Allgemeine Sonntagszeitung*, 17. Oktober 2010, S. 42

88 unter: www.sammlung-boros.de

89 Name geändert

90 Berggruen, Nicolas: Interview im *stern*, 1/2011, S. 114

91 Friedrichs, Julia: *Gestatten: Elite. Auf den Spuren der Mächtigen von morgen*, Hamburg (2008)

92 Hartung, Manuel: »Der Linke als Libero«, *Die Zeit* 4/2006, S. 38

93 Hartmann, Michael: *Der Mythos von den Leistungseliten: Spitzenkarrieren und soziale Herkunft in Wirtschaft, Politik, Justiz und Wissenschaft*, Frankfurt (2002)

94 Definiert als Mitglied von Vorstand oder Geschäftsführung eines Unternehmens mit mindestens 150 Beschäftigten

95 Bundesministerium für Bildung und Forschung: »Die wirtschaftliche und soziale Lage der Studierenden in der Bundesrepublik Deutschland 2009. 19. Sozialerhebung des Deutschen Studentenwerks, durchgeführt durch HIS Hochschul Informations-System, ausgewählte Ergebnisse«

96 Hartmann, Michael: *Elitesoziologie*, Frankfurt (2004), S. 140

97 Sie, lieber Leser, wissen natürlich die Antwort: 1077 – Gang nach Canossa, 1066 – Schlacht von Hastings.

98 Für die Informationen zu Führungsstil und Biografie Wolfgang Grupps beziehe ich mich im Wesentlichen auf die Grupp-Biografie von Erik Lindner: *Wirtschaft braucht Anstand*, Hamburg (2010)

99 Ebd., S. 80

100 Ebd., S. 230

101 Ebd., S. 229

102 Boldt, Klaus: »Meister aller Kassen«, *manager magazin* 6/2010, S. 42

103 Ebd.

104 Dabei ist nicht die Kolonialisierung als solche entscheidend, sondern die Art der Kolonialisierung. Als besonders verhängnisvoll haben sich die Kolonialisierungsmuster in Lateinamerika und weiten Teilen Sub-Sahara-Afrikas erwiesen, wo existierende Eliten entmachtet oder ausgerottet und die Urbevölkerung unter dem Joch einer kleinen weißen Führungsschicht in eine sklavereiähnliche Plantagen- oder Haciendawirtschaft gezwungen wurde. Wo hingegen entweder nennenswerte europäische Einwanderung stattfand und die Siedler ihre eigenen gesellschaftlichen Organisationsmuster importierten (USA, Kanada, Australien) oder wo die vorkolonialen Eliten an der Macht blieben (Indien), zeigt sich bis heute empirisch nachweisbar eine wesentlich günstigere wirtschaftliche Entwicklung. Siehe hierzu: Acemoglu, Daron; Robinson, James und Simon Johnson: »The Colonial Origins of Comparative Development: An Empirical Investigation«, *American Economic Review*, Dezember 2001, S. 1369 ff.

105 Müller, Henrik, und Christian Rickens: »Welt-Reiche«, *manager magazin Spezial*, Oktober 2007, S. 122

106 Ebd.

107 Capgemini, Merrill Lynch (Hg.): *World Wealth Report 2011*, a. a. O., S. 7

108 Hurun Wealth Report 2010, zitiert nach: Hirn, Wolfgang: »Im Reich der Reichen«, *manager magazin Spezial*, Oktober 2010, S. 98 ff.

109 Hirn, Wolfgang: »Im Reich der Reichen«, a. a. O.

110 World Economic Forum (Hg.): *Global Competitiveness Report 2010* (www.weforum.org/Initiatives/gcp/)

111 Die Briefe sind veröffentlicht unter: www.givingpledge.org

112 Ebd.

113 Capgemini, Merrill Lynch (Hg.): *World Wealth Report 2011*, a. a. O., S. 8, 7

114 Frank, Robert: *Richistan: A Journey Through the 21st Century Wealth Boom and the Lives of the New Rich*, New York (2007), S. 2

115 2007 gab es in den USA 3,3 Millionen Millionäre, ihre Zahl sank im Krisenjahr 2008 auf 2,7 Millionen (Capgemini, Merrill Lynch [Hg.]: *World Wealth Report 2010*, S. 15).

116 Frank, Robert: *Richistan*, a. a. O., S. 6

117 Ebd., S. 97–103

118 Ebd., S. 6
119 Ebd., S. 247
120 Leyendecker, Hans: »Rechts vom Gustl steht bloß noch Dschingis Khan«, *Süddeutsche Zeitung,* 19. Januar 2010, S. 5
121 Rickens, Christian: »Ende der Nadelstreifen-APO«, *manager magazin* 1/2006, 16. Dezember 2005, S. 24
122 Rickens, Christian: »An der Grenze zur Untreue«, *manager magazin* 9/2005, S. 18
123 Mittlerweile durch die »Reichensteuer« wieder angehoben auf 45 Prozent
124 Kernpunkt ist die sogenannte Lohnsummenregelung. Für eine vollständige Erbschaftssteuerbefreiung darf die Lohnsumme des Betriebs nach derzeitiger Rechtslage im Schnitt der ersten sieben Jahre nach dem Erbfall nicht unter das damalige Niveau absinken.
125 So zum Beispiel der Pharmaunternehmer Edwin Kohl, den wir bereits auf Seite 142 kennengelernt haben.
126 Grabka, Markus: »Die Schraube ist überdreht worden«, *Lufthansa Exclusive* 11/2009, S. 34
127 Grabka, Markus: »Das Risiko der Altersarmut steigt«, *Wochenbericht des DIW Berlin,* 4/2009, S. 55
128 Grabka, Markus: »Gestiegene Vermögensungleichheit in Deutschland«, *Wochenbericht des DIW Berlin,* 4/2009, S. 59 (Grafik)
129 Gemessen anhand des sogenannten Gini-Koeffizienten, einer Standardmaßzahl für die Vermögensverteilung
130 Grabka, Markus: »Gestiegene Vermögensungleichheit in Deutschland«, a. a. O., S. 59
131 Grabka, Markus: »Die Schraube ist überdreht worden«, a. a. O.
132 Ebd.
133 Der überwiegende Teil der wirklich großen Vermögen in Deutschland besteht aus Familienunternehmen, die, wie bereits dargelegt, unter Einhaltung einiger Bedingungen steuerfrei vererbt werden können. Doch auch Finanzkapital wird bei Erbschaften zwischen Verwandten ersten Grades – also zum Beispiel von den Eltern an die Kinder – mit maximal 30 Prozent besteuert – bei hohen Freibeträgen, die komplett steuerfrei vererbt werden können.
134 Hunke, Jürgen: »Wir müssen an die Erbschaftssteuer ran«, Interview in *Welt online, www.welt.de,* 13.4.2008
135 Jäger, Lorenz: »Ohne links: Gibt es eine Plutokratie?«, *Frankfurter Allgemeine Zeitung,* 29.12.2010, S. N3

Literatur

Acemoglu, Daron; Robinson, James und Simon Johnson: »The Colonial Origins of Comparative Development: An Empirical Investigation«, *American Economic Review,* Dezember 2001, S. 1369 ff.

Bastien, Vincent, und Jean-Noel Kapferer: *The Luxury Strategy: Break the Rules of Marketing to Build Luxury Brands,* London/Philadelphia (2009)

Baumann, Uli: »Heim-Vorteil«, *auto-motor-und-sport.de,* 24. Juli 2008

Behrens, Bolke: »Der Kapitän macht sein Besteck«, *Handelsblatt Weekend Journal,* 8. August 2008, S. 9

Berggruen, Nicolas: Interview im *stern,* 1/2011, S. 114

Bischoff, Katrin: »Dünnes Holz«, *Berliner Zeitung,* 24. Januar 2009, S. 30

Bischoff, Katrin: »Vom Chefsessel auf die Anklagebank«, *Berliner Zeitung,* 15. April 2010, S. 26

Boldt, Klaus: »Meister aller Kassen«, *manager magazin* 6/2010, S. 44

Boldt, Klaus: »Die 500 reichsten Deutschen«, *manager magazin Spezial,* Oktober 2010, S. 12

Brügge, Peter: »Die Reichen in Deutschland«, Teil 1, *Der Spiegel* 37/1966, S. 49

Brügge, Peter: »Die Reichen in Deutschland«, Teil 2: »Mäzene und Gönner«, *Der Spiegel* 38/1966, S. 77

Brügge, Peter: »Die Reichen in Deutschland«, Teil 3: »Feste Partys und Salons«, *Der Spiegel* 39/1966, S. 95

Brügge, Peter: »Die Reichen in Deutschland«, Teil 4: »Wie sie wohnen«, *Der Spiegel* 40/1966, S. 93

Brügge, Peter: »Die Reichen in Deutschland«, Teil 5: »Privilegien, Luxus, Lebensstil«, *Der Spiegel* 41/1966, S. 95

Buchhorn, Eva: »Reich an Bildung«, *manager magazin* 10/2009, S. 162

Buchhorn, Eva, und Klaus Werle: »Der Abendbrot-Faktor«, *manager magazin Spezial,* Oktober 2009, S. 90

Büscher, Wolfgang, und Hanns-Bruno Kammertöns: »Insel der Seligen«, *Die Zeit,* 24. August 2006, S. 11

Capgemini, Merrill Lynch (Hg.): *World Wealth Report 2011*

Capgemini, Merrill Lynch (Hg.): *World Wealth Report 2009*

Druyen, Thomas: *Goldkinder. Die Welt des Vermögens,* Hamburg (2007)

Druyen, Thomas; Grundmann, Matthias und Wolfgang Lauterbach (Hg.): *Vermögen in Deutschland. Heterogenität und Verantwortung,* Wiesbaden (2010)

Engelmann, Bernt, und Günter Wallraff: *Ihr da oben – wir da unten,* Köln (1973)

Fischer, Gabriele: »Der Wind muss aus der Gesellschaft kommen«, *brand eins* 1/2009, S. 116

Frank, Robert: *Richistan: A Journey Through the 21st Century Wealth Boom and the Lives of the New Rich,* New York (2007)

Friedrichs, Julia: *Gestatten: Elite. Auf den Spuren der Mächtigen von morgen,* Hamburg (2008)

Grabka, Markus: »Die Schraube ist überdreht worden«, Interview in *Lufthansa Exclusive* 11/2009, S. 34

Grabka, Markus: »Das Risiko der Altersarmut steigt«, *Wochenbericht des DIW Berlin,* 4/2009, S. 55

Grabka, Markus: »Gestiegene Vermögensungleichheit in Deutschland«, *Wochenbericht des DIW Berlin* 4/2009, S. 59

Grill, Stephanie: »Wir streben gar keine Kundenbindung an«, *Werben und Verkaufen,* 25. 2. 2010, S. 19

Hartmann, Michael: *Der Mythos von den Leistungseliten: Spitzenkarrieren und soziale Herkunft in Wirtschaft, Politik, Justiz und Wissenschaft,* Frankfurt (2002)

Hartmann, Michael: *Elitesoziologie,* Frankfurt (2004)

Hartung, Manuel: »Der Linke als Libero«, *Die Zeit* 4/2006, S. 38

Heuer, Jörg: »Vom Widerstand geadelt«, *Hamburger Abendblatt,* 3. November 2010, S. 18

Hirn, Wolfgang: »Im Reich der Reichen«, *manager magazin Spezial,* Oktober 2010, S. 98

Hunke, Jürgen: »Wir müssen an die Erbschaftssteuer ran«, Interview in *Welt online, www.welt.de,* 13. 4. 2008

HypoVereinsbank (Hg.): *Typologie des Erfolgs. Die HVB Wealth Management Studie;* interne Veröffentlichung der HypoVereinsbank ohne Orts- oder Jahresangabe

HypoVereinsbank (Hg.): *Klischees verlassen, die Realität verstehen. Wealth Society Report 2010;* interne Veröffentlichung der HypoVereinsbank ohne Orts- oder Jahresangabe

Jäger, Lorenz: »Ohne links: Gibt es eine Plutokratie?«, *Frankfurter Allgemeine Zeitung,* 29. 12. 2010, S. N3

Jacobi, Robert, *Die Goodwill-Gesellschaft: Die unsichtbare Welt der Stifter, Spender und Mäzene,* Hamburg (2009)

Kortmann, Klaus: »Vermögen in Deutschland: Die methodische Anlage der Untersuchung«, in: Lauterbach u.a. (Hg.): *Vermögen in Deutschland. Heterogenität und Verantwortung,* Wiesbaden (2010), S. 14 ff.

Kramer, Melanie: »Aufstieg aus der Mitte?«, in: Burzan, Nicole, und Peter Berger: *Dynamiken (in) der gesellschaftlichen Mitte,* Wiesbaden (2010), S. 249 ff.

Kramer, Melanie, und Miriam Ströing: »Reichtum und Übernahme gesellschaftlicher Verantwortung«, in: Druyen u.a. (Hg.): *Vermögen in Deutschland. Heterogenität und Verantwortung,* Wiesbaden (2010), S. 95 ff.

Leyendecker, Hans: »Rechts vom Gustl steht bloß noch Dschingis Khan«, *Süddeutsche Zeitung,* 19. Januar 2010, S. 5

Lindner, Erik: *Wirtschaft braucht Anstand,* Hamburg (2010)

Linnenbrügger, Matthias: »Verlierer des Wahlsonntags: Supporters, Hunke und Schulz«, *Die Welt,* Ausgabe Hamburg, 27. Januar 2009, S. 35

Lohmann, Henning; Spieß, C. Katharina und Christoph Feldhaus: »Der Trend zur Privatschule geht an bildungsfernen Eltern vorbei«, Deutsches Institut für Wirtschaftsforschung (Hg.): *Wochenbericht* 38/2009, 16.9.2009, S. 640

Meck, Georg: »Der Tunnelbohrer«, *Frankfurter Allgemeine Sonntagszeitung,* 26. September 2010, S. 48

Meck, Georg, und Bettina Weiguny: »Stuttgarts Halbhöhe sortiert sich neu«, *Frankfurter Allgemeine Sonntagszeitung,* 17. Oktober 2010, S. 42

Mittelacher, Bettina: »Hunke, Buddha, Denkmalschutz«, *Hamburger Abendblatt,* 21. Oktober 2004, S. 17

Müller, Henrik, und Christian Rickens: »Welt-Reiche«, *manager magazin Spezial,* Oktober 2007, S. 122

Müller, Henrik: »Panikartige Erregung«, *manager magazin Spezial,* Oktober 2008, S. 115

Priller, Eckhard, und Jana Sommerfeld: *Wer spendet in Deutschland? Eine sozialstrukturelle Analyse,* Berlin (2005)

Rickens, Christian: »An der Grenze zur Untreue«, *manager magazin* 9/2005, S. 18

Rickens, Christian: »Ende der Nadelstreifen-APO«, *manager magazin* 1/2006, S. 24

Rickens, Christian: »Ganz Oben«, *manager magazin Spezial,* Oktober 2008, S. 98

Rickens, Christian, und Ursula Schwarzer: »Risse im Printenpalast«, *manager magazin* 7/2009, S. 72

Sauerbier, Michael: »Ich bin Millionär, wer will meine Frau werden«, *Bild. de,* 15. März 2008

Schumpeter, Joseph: *Theorie der wirtschaftlichen Entwicklung. Eine Untersuchung über Unternehmergewinn, Kapital, Kredit, Zins und den Konjunkturzyklus,* Berlin (1911)

Schumpeter, Joseph: *Capitalism, Socialism and Democracy,* New York/ London (1942)

Schuster, Jochen, und Tanja Treser: »Wolken über Schlecker-Land«, *Focus* 15/2010, S. 124

Steinbach, Dirk: »Heikler Machtkampf an der Sandbahn«, *Hamburger Abendblatt,* 15. November 2007, S. 29

Steinbrück, Peer, »Das sensible Nashorn«, Interview in *Capital,* 24. April 2008, S. 108

Ströing, Miriam, und Wolfgang Lauterbach: »Wohlhabend, reich und vermögend – Was heißt das eigentlich?«, in: Druyen, Thomas; Grundmann, Matthias und Wolfgang Lauterbach (Hg.): *Reichtum und Vermögen. Zur gesellschaftlichen Bedeutung der Reichtums- und Vermögensforschung,* Wiesbaden (2009), S. 13

Student, Dietmar: »Richter und Riecher«, *manager magazin Spezial,* Oktober 2010, S. 110

Swietczak, Bea: »Der Ex-HSV-Chef ist jetzt Buddhist und führt ein Teehaus«, *Bild,* Ausgabe Hamburg, 16. September 2009, S. 7

Swietczak, Bea: »Gast spannt Sylter Promi-Wirt die Frau aus«, *Bild,* Ausgabe Hamburg, 13. Januar 2010, S. 6

Tants, Saskia: »Jürgen Hunke: Aussteiger auf Zeit«, *Hamburger Abendblatt,* 16. März 2000, S. 19

Timmer, Karsten: *Stiften in Deutschland: Die Ergebnisse der Stifterstudie,* Gütersloh (2005)

Veblen, Thorstein: *The Theory of the Leisure Class* (1899)

Velten, Robert: »Die Soziologie der antiken Reichtumsphilosophie«, in: Druyen, Thomas; Grundmann, Matthias und Wolfgang Lauterbach (Hg.): *Reichtum und Vermögen. Zur gesellschaftlichen Bedeutung der Reichtums- und Vermögensforschung,* Wiesbaden (2009), S. 242

Vornbäumen, Axel: »Der Überflieger«, *stern* 29/2009, S. 28

Werle, Klaus: »Ohne Blatt vorm Mund«, *manager magazin,* 12/2008, S. 226 ff.

Werner, Götz: *Einkommen für alle,* Köln (2007)

Werner, Götz (mit Adrienne Goehler): *1000 Euro für jeden. Freiheit, Gleichheit, Grundeinkommen,* Köln (2010)

Wigand, Klaus; Haase-Theobald, Cordula, Markus Heuel und Stefan

Stolte: *Stiftungen in der Praxis: Recht, Steuern, Beratung,* Wiesbaden (2007)

Wittrock, Olaf: »Galas für Gönner«, *Impulse,* März 2005, S. 130

World Economic Forum (Hg.): *Global Competitiveness Report 2010* (www. weforum.org/Initiatives/gcp/)

Wormit, Martin: »Gekaufter Firmenbestatter«, *Berliner Zeitung,* 26. Januar 2009, S. 4

nn: »Abends mit Biß«, *Der Spiegel* 12/1983, S. 75

nn: »Hunke ausgeschlossen?«, *Hamburger Abendblatt,* 21. Januar 2004, S. 11

nn: »HSV-Verdacht: Hinter allem steckt Hunke«, *Bild,* Ausgabe Hamburg, 14. November 2008, S. 23

nn: »Gestorben: Eberhard von Brauchitsch«, *Der Spiegel,* 37/2010, S. 161

Personenregister

Axel Hacke/Giovanni di Lorenzo. Wofür stehst Du?
Was in unserem Leben wichtig ist – eine Suche.
KiWi 1241. Verfügbar auch als Book

Axel Hacke und Giovanni di Lorenzo haben zusammen ein ungewöhnliches Buch geschrieben. Sie stellen die große Frage nach den Werten, die für sie maßgeblich sind – oder sein sollten. Statt aber ein Handbuch der Alltagsmoral zu verfassen, haben sie vor allem in ihren eigenen Biografien nach Antworten gesucht.

»Ein Buch über die Angst und darüber, wie man ihr standhalten kann« *Frankfurter Allgemeine Zeitung*

www.kiwi-verlag.de

Helmut Schmidt / Giovanni di Lorenzo. Auf eine Zigarette
mit Helmut Schmidt. KiWi 1158. Verfügbar auch als ⊡Book

Politik, Privates und erlebte Geschichte – die schönsten
»Zeit«-Gespräche mit dem berühmtesten Raucher der Republik. Diese Ausgabe enthält fünf bisher in Buchform
unveröffentlichte Gespräche, u. a. zu den Feierlichkeiten
rund um Helmut Schmidts 90. Geburtstag.

»Diese kleinen, wunderbaren, eitlen, subversiven, über-
raschenden, oft politisch und zeithistorisch bemerkens-
werten und sehr unterhaltsamen Interviews gibt es jetzt
dankenswerterweise als Buch.« *Süddeutsche Zeitung*

Günter Wallraff. Aus der schönen neuen Welt. Expeditionen ins Landesinnere. KiWi 1069
Verfügbar auch als ᐒBook

Günter Wallraff ist zurück! Ob als Mitarbeiter im Callcenter, als Niedriglöhner in einer »Lidl«-Bäckerei oder als Obdachloser, der den Winter auf der Straße verbringt – Wallraff ist wieder undercover unterwegs und gewährt neue schockierende Einblicke in den Alltag eines reichen, armen Landes.

www.kiwi-verlag.de

Günter Wallraff. Ganz unten. Mit einer Dokumentation der Folgen. KiWi 176

Bücher können etwas bewegen – dafür liefert »Ganz unten.« ein einzigartiges Beispiel. Günter Wallraffs Erfahrungsbericht als Türke Ali wurde mit einer deutschsprachigen Auflage von inzwischen über 3 Millionen und Übersetzungen in mehr als 30 Ländern nicht nur weltweit einer der sensationellsten Bucherfolge, sondern entwickelte auch eine »durchschlagende politische Wirkung« (*Süddeutsche Zeitung*).
Die Neuauflage dokumentiert die gesellschaftspsychologischen, menschlichen und politischen Folgen dieses Buches.

www.kiwi-verlag.de

Silke Burmester. Beruhigt Euch! KiWi 1275
Verfügbar auch als eBook

Silke Burmesters unterhaltsames Pamphlet gegen die
Hysterie im Alltag soll helfen, das Panik-Karussell anzu-
halten. Und sich zu erinnern, worum es eigentlich geht:
Liebe, Nahrung, Miteinander. Wem das gelingt, der wird
sich getrost wieder beruhigen können.

www.kiwi-verlag.de

Matthias Burchardt, Nora Hespers, Andrea Mayer. Ja? Nein?
... Jein! Kompass für den täglichen Gewissenskonflikt.
KiWi 1229. Verfügbar auch als eBook

Darf ich pikante Bettgeschichten im Freundeskreis weiter-
erzählen? Oder dem Kollegen sagen, dass er schlimm nach
Schweiß riecht? In »Ja? Nein? ... Jein!« werden alltägliche
Probleme anschaulich dargestellt und aus verschiedenen
Perspektiven philosophisch beleuchtet. Natürlich ist auch
die Philosophie kein Allheilmittel für die Probleme des
Alltags. Aber ein Schuss Moralin kann bisweilen Wunder
wirken, wenn es um gute Entscheidungen geht.